**Zieht den Bayern
die Lederhosen aus!**

3 4   04 03 02

Eichborn AG, Frankfurt am Main, September 2002
Lektorat: Oliver Thomas Domzalski
Umschlaggestaltung: Moni Port
Foto: © dpa
Satz, Layout und Illustrationen: die Basis, Wiesbaden
Druck und Bindung: Clausen & Bosse, Leck
ISBN 3-8218-3609-1

Verlagsverzeichnis schickt gern:
Eichborn Verlag, Kaiserstr. 66, D–60329 Frankfurt
www.eichborn.de

Torsten Geiling / Niclas Müller

Zieht den Bayern die Lederhosen aus!

Das FC-Bayern-Hassbuch

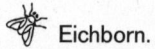 Eichborn.

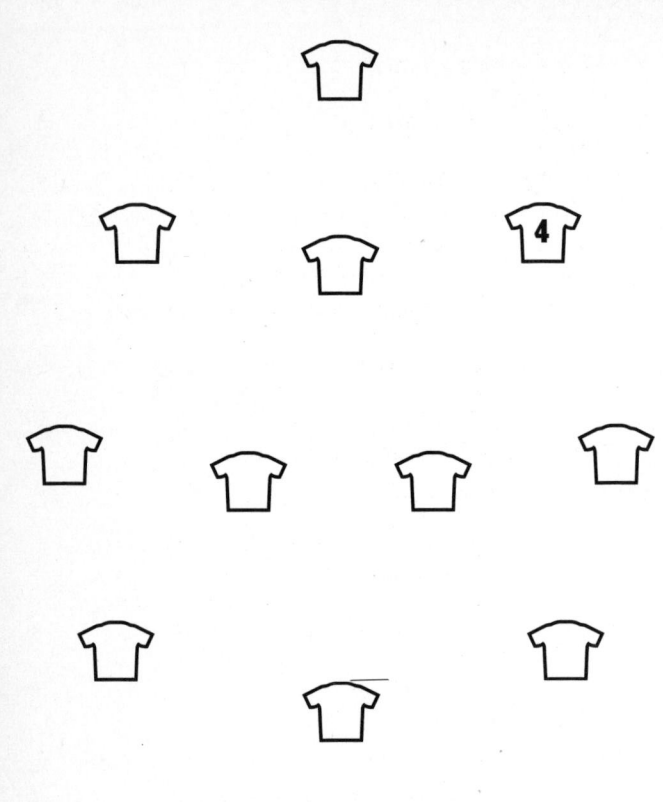

Inhalt

Elf Gründe, die Bayern zu hassen

»Das ganze Stadion wird gegen uns sein.
Ganz Deutschland wird gegen uns sein.
Etwas Schöneres gibt es gar nicht.«
(Oliver Kahn vor dem Saisonfinale 2000/01)

Samstag. 17.15 Uhr. Spielabpfiff in den Stadien der Bundesliga. Jeder Fußballfan will jetzt nur zwei Dinge wissen: Hat mein Verein gewonnen? Und, noch wichtiger: Haben die Bayern verloren?

Sicher: Rund zehn Millionen Fans in Deutschland jubeln dem arroganten und rücksichtslos erfolgreichen Klub aus München zu. Die große Mehrheit von mindestens 30 Millionen Fans aber wünscht dem FC Unsympathisch nichts sehnlicher als: Niederlagen. Und zwar möglichst viele.

Die Bayern juckt das nicht. Ihr abstoßendes Image ist längst Teil des Markenartikels FC Bayern, der Millionen erwirtschaftet, weil für genügend Fans der Erfolg wichtiger ist als Sportlichkeit, Bescheidenheit und Hingabe.

Beispiel gefällig? Der FC Bayern kauft bevorzugt die Leistungsträger der Bundesliga-Konkurrenten. Auch wenn die hoffnungsvollen Talente dann in München auf der Ersatzbank schmoren, erfüllt die Aktion ihren Zweck: Der Gegner ist geschwächt. Kein anderer Verein darf schließlich am Thron des Rekordmeisters wackeln und seine Vormachtstellung im Sponsoring, im Einfluss auf den DFB und auf das Universum gefährden.

Solcherlei Unsportlichkeit findet sich beim FC Bayern aber nicht nur neben dem Platz. Verlieren gehört nicht zu den Stärken des Klubs. Kann das Team nicht mithalten, sorgt es dafür, dass die spielerischen Akzente beim Gegner vom Platz getragen werden müssen, versucht sich in Psycho-Tricks und Schiedsrichter-Beeinflussung.

Und zu allem Überfluss haben die Bayern auch noch dieses unerhörte Glück. Es ist als »Bayern-Dusel« längst in die Geschichte des Fußballs eingegangen. Auch in der Saison 2001/02 mussten wir bis zum letzten Spieltag fürchten, dass der Fußballgott das Trikot des FC Bayern trüge. Trotz sieben siegloser Spiele in Folge und grauenhaften Fußballs waren die Münchner am letzten Spieltag immer noch im Rennen um den Titel. Und das nicht zuletzt, weil einige Konkurrenten, wie leider so oft, Schützenhilfe leisteten: In den letzten drei Partien ging der FC Dauerdusel jeweils durch ein Eigentor des Gegners in Führung. Glücklicherweise endete die Saison dennoch glimpflich – mit München auf Platz drei und keinem neuen Titel.

Neben der schönsten Niederlage der Bayern, 1999 im Champions-League-Finale gegen Manchester United, ist das vielleicht ein weiterer Grund, warum wir doch nicht an der gerechten Allmacht des Fußballgottes zweifeln sollten. Irgendwann werden nach 90 oder 94 Minuten die Guten als Sieger vom Platz gehen und wird der FC Bayern München aus dem Fußball-Himmel absteigen. Bis dahin soll uns Bayern-Hassern dieses Buch eine kleine Trostfibel und Argumentationshilfe im Gespräch mit abhebenden Bayern-Fans sein.

Die schönsten Niederlagen

Was kann es Schöneres für einen Bayern-Hasser geben, als in den Wunden dieses Vereins zu rühren? Klar, die Mannschaft des FCB verliert selten ein Spiel. Wir sind geneigt zu sagen: zu selten. Seit seiner Bundesligazugehörigkeit 1965/66 hat der Verein von 1262 Partien gerade einmal 265 verloren, das sind magere 21 Prozent. Der Höhepunkt waren 15 Niederlagen in der Saison 1991/92. Am schlechtesten lief es 1986/87, als das Team nur ein einziges Mal – 0:3 in München gegen Bayer Leverkusen – als Verlierer in die Kabine schlich.

Uli Hoeneß deklariert eine Niederlage als Verstoß gegen die Vereinsstatuten: »Das Thema Verlieren gibt es bei uns nicht!« Und so fällt den Bayern der Umgang mit Punktverlusten besonders schwer. Liegt die Mannschaft zurück, verlieren die Superprofis in Rot-Weiß gern die sportliche Contenance. Unverblümt erklärte der frühere Bayern-Spieler Paul Breitner einst die unfaire Klub-Philosophie: »Ich behaupte: Wir müssen die Jugendlichen lehren, foul zu spielen! Das klingt vielleicht brutal, aber was hilft es, ständig um den heißen Brei herumzureden. (...) Denn eines ist klar, und das gilt für Schüler genauso wie für Bundesligaprofis: Bevor ich dem Gegenspieler erlaube, ein Tor zu schießen, muss ich ihn mit allen Mitteln daran hindern – und wenn ich das nicht mit fairen Mitteln tun kann, dann muss ich es eben mit einem Foul tun. Lieber einen Freistoß als ein Tor. Wer das nicht offen zugibt, der lügt sich was vor – oder ist kein Fußballer.«

Wenn auch mieses Geholze eine Niederlage oder ein ungeplantes Unentschieden nicht abwenden kann, treten die Bayern verbal nach. Nach einem ungenehmen 0:0 auf dem Betzenberg in der Saison 2001/02 beschimpfte Hoeneß die Lauterer Fans als »wilde Tiere«. Der allmächtige Kaiser wollte die Pfalz mit dem WM-Entzug 2006 bestrafen. Die Liste der Schiedsrichter-Beleidigungen und foulen Ausreden ist bei keinem Verein so lang wie beim FC Bayern. Eine kleine Auswahl:

– 1990: »So was Kindisches. Bei so einer Hitze kann man doch keine Spitzenleistung zeigen.« (Hoeneß nach einem 1:1 gegen Leverkusen im Olympiastadion, nachdem der DFB einen Antrag auf Spielverlegung auf den Abend abgelehnt hatte)

– 1991: »International dürfte der kein Spiel mehr pfeifen.« (Trainer Jupp Heynckes über Schiedsrichter Karl-Josef Assenmacher nach einer 1:2-Niederlage in Kaiserslautern)

– 1995: »Es gibt 100.000 Jugendspiele. Wieso muss ausgerechnet der im Olympiastadion pfeifen?« – »Der Schiedsrichter hat eine Sonderprämie vom KSC erhalten.« (Der Kaiser und der Lodda über Schiri Hellmut Krug nach einer 0:1-Niederlage gegen Karlsruhe)

– 1997: »Ihr Schweine habt uns drei Punkte geklaut!« (Karl-Heinz Rummenigges Ausraster gegen Schiri Hans-Jürgen Weber und seinen Assistenten)

– 1997: »Der pfeift bei uns kein Spiel mehr, wir lehnen diesen Schiedsrichter ab!« (Hoeneß nach dem Unentschieden im Derby gegen die Löwen über Schiri Hellmut Krug)

Nicht zuletzt wegen solcher Ausfälle fürchten die Schiedsrichter den Zorn der geballten Macht aus München und pfeifen deshalb ohnehin selten gegen das Zum-Halse-Raushängeschild des deutschen Fußballs. Der Bayern-Bonus wirkt – vergleichbar mit der eingebauten Vorfahrt beim Mercedes – als ungeschriebene Fußballregel und hat dem Rekordmeister schon so manchen Titel beschert (siehe auch »Die ärgerlichsten Meistertitel«).

Auch wenn der FC Unbesiegbar ein ungeübter und schlechter Verlierer ist: Es haben sich Momente im Leben eines Bayern-Hassers zugetragen, von denen er noch seinen Enkeln erzählen wird. Worte wie »ManU« oder »Porto« bringen seine Augen zum Leuchten, und er gerät ins Schwärmen. Denn in ihrer hundertjährigen Vereinsgeschichte mussten auch die Bayern einige Niederlagen verkraften, die sich unauslöschlich in das Gedächtnis ihrer Anhänger gebrannt haben. Wir präsentieren die elf schönsten Bayern-Niederlagen:

Der 26. Mai 1999 wird zum schlimmsten Tag in der Vereinsgeschichte: Als in dieser Fußballnacht die 90 Minuten im Finale der Champions-League in Barcelona vorbei sind, führt der FC Bayern gegen Manchester United mit 1:0. Präsident Franz Beckenbauer hat bereits seinen Platz verlassen und ist in die Katakomben geeilt, um sich rechtzeitig wieder im Rampenlicht der TV-Kameras sonnen zu können. Die Betreuer nesteln schon an den Schampus-Flaschen und fordern den Schlusspfiff des Unparteiischen Pier-Luigi Collina. Doch der macht keine Anstalten, das Spiel zu beenden: Drei Minuten Nachspielzeit werden angezeigt.

In Deutschlands Wohnstuben liegen sich die Bayern-Fans bereits in den Armen: Ole, ole, FCB! Was soll da noch passieren? Seit eineinhalb Stunden rennen die Spieler von Manchester an, ohne zwingende Chancen herauszuspielen. Stattdessen hatte Basler bereits in der 6. Spielminute ManU-Keeper Schmeichel mit einem Freistoß verladen und die Führung erzielt. Nach gut 70 Minuten hatten erst Scholl den Pfosten und dann Jancker die Latte getroffen. Grummelnd beginnen die englischen Fans, sich mit einer Niederlage abzufinden.

Ein letzter Angriff von Manchester mündet in eine Ecke. Als David Beckham anläuft, ist dies der Startschuss für die schönsten zwei Minuten im Leben eines Bayern-Hassers. Der Ball landet bei Thorsten Fink, der zehn Minuten vorher für »Medusalix« Matthäus gekommen war. Fink hat alle Zeit der Welt und könnte den Ball weit Richtung englische Hälfte bolzen, was wohl den Sieg für die Bayern bedeutet hätte. Stattdessen misslingt Fink der Befreiungsschlag. Der Querschläger landet bei Giggs, der aus 16 Metern mit seinem schwächeren rechten Fuß abzieht. Einwechselstürmer Teddy Sheringham, in der 67. Minute für Blomqvist gekommen, hält seinen Schlappen hin, und der Ball findet seinen Weg zum Ausgleich ins Tor der Bayern. Von der englischen Presse wird der Tausch Fink für Matthäus später als schlechteste Einwechslung der 90er Jahre klassifiziert. Vielleicht war es auch einfach die schönste der Welt ...

»Die Bayern sahen aus, als hätten sie einen Flugzeugabsturz gesehen«, schreibt ManU-Trainer Ferguson später in seinen Memoiren. Die Bayern sind zwar angeknockt, stellen sich aber bereits auf eine Verlängerung ein, in der sie auf den deutschen Kampfgeist setzen könnten. Manchester jagt den Bayern nach dem Anstoß den Ball ab – mit Verlaub: stümperhaftes Verhalten – und erkämpft sich erneut einen Eckball. Wieder zieht Beckham den Ball von links gefährlich vors Tor, wo Joker Sheringham per Kopf in den Fünfmeterraum verlängert. Dort steht Ole Gunnar Solskjaer, der in der 81. Minute für Cole gekommen war. Das sind Einwechslungen, Herr Hitzfeld! Elegant macht der Norweger im ManU-Dress das Bein lang und lenkt den Ball unter die Querlatte des Bayern-Tores. Sein Bewacher Sammy Kuffour ist weit und breit nicht zu sehen, weil er von Keeper Kahn zuvor weggeschubst worden war.

Schiedsrichter Collina packt nun das Mitleid mit Oliver Kahn. Ein 1:3 will er ihm nicht auch noch zumuten. Deshalb tut er das einzig Richtige: Er pfeift ab. Das Spiel ist aus. Manchester gewinnt das Triple aus Meisterschaft, Pokal und Champions League, die Bayern sind der »Verlierer der Herzen«. Der ganze Jammer des Endspiel-Dramas ist in die Gesichter von Hitzfeld, Matthäus und Kahn gebrannt. Stefan Effenberg starrt durch einen Tränen-Vorhang ins Leere, Thomas Strunz pfeffert seine Vize-Medaille auf den Boden, Carsten Jancker hockt auf dem Platz und heult, Sammy Kuffour windet sich von Weinkrämpfen geschüttelt auf dem Rasen. Aus Tausenden Kehlen in Rot und Weiß ertönt: »We are the Champions (...) no times for losers!« Diese Nacht der Tränen wird für alle Fußballfans, vor allem für die wahren, unvergesslich bleiben.

> 1:2 gegen den FC Porto (Europacup
> der Landesmeister, Finale,
> 27. Mai 1987 in Wien)

Wenn es um die schönsten Tore gegen den FC Bayern geht, landet der Algerier Rabah Madjer, der damals für den FC Porto stürmte, mit seinem

Treffer aus dem Europapokal-Finale der Landesmeister von 1987 ganz vorne: Zwölf Minuten vor Spielende, es steht durch einen Treffer von Wiggerl Kögl 1:0 für die Bayern, kommt ein Schuss auf das Tor von Jean-Marie Pfaff, den dieser nicht festhalten kann. Der abgeprallte Ball hüpft zu Madjer, der diesen, mit dem Rücken zum Tor, per Hacke versenkt. Dreistigkeit siegt! Der krasse Außenseiter Porto gewinnt das Spiel in Wien durch das 2:1 von Juary zwei Minuten später.

Dieter Hoeneß jammerte hinterher: »Das darf doch nicht wahr sein. Wir hatten schon eine Hand am Pokal.« Soll er froh sein, der Hoeneß, dass er nach dieser Saison aufgehört hat. Und noch einer hätte das damals tun sollen, zumal ihm Manager Uli Hoeneß nach der Porto-Pleite »nervliche Probleme« vorwarf: Loddamaddäus. Dann wäre dem damaligen Ersatzkapitän (Augenthaler war im Halbfinale gegen Madrid vom Platz geflogen) zumindest das Waterloo von Barcelona erspart geblieben. Und ganz Fußball-Deutschland die Person Matthäus.

0:7 gegen den FC Schalke 04 (Bundesliga, 9. Oktober 1976 in München)

Was war das für ein wunderschöner 9. Oktober im Jahre 1976, der noch erinnerungswürdiger wird, da jeder Bayern-Fan einiges dafür geben würde, wenn dieser Tag aus der Historie seines Lieblingsvereines getilgt werden könnte. Doch die Geschichte vergisst nicht! 0:7 war das Ergebnis, FC Schalke 04 hieß der Gegner, Ort der Schmach war das Münchner Olympiastadion. Nicht viele Bundesligisten können auf eine solch deftige Heimniederlage verweisen.

49.000 Zuschauer im Stadion erwarten einen klaren Sieg für den großen Favoriten aus München. Arrogant stolzieren Beckenbauer, Rummenigge und Co. auf den Rasen. Uli Hoeneß bindet sich demonstrativ gelangweilt und in aller Ruhe die Schnürsenkel zu, als der Schiedsrichter gerade das Spiel anpfeifen will.

Die Schalker um Spielmacher Bongartz und Torjäger Fischer beginnen quirlig. Auch als nach 125 Sekunden der Ball zum ersten Mal an den Münchner Pfosten kracht, werden die pomadigen Bayern-Stars nicht aus ihrem Tiefschlaf gerissen. Elf Minuten brauchen die Schalker, bis in großen Leuchtziffern ihre 1:0-Führung an der Anzeigetafel erscheint. Torschütze: Fischer. Die Bayern bleiben 90 Minuten lang harm- und einfallslos. Ihre verzweifelten Weitschüsse werden bereits von der Abwehr der Gäste abgefangen. An echte Chancen können sich nicht einmal blauäugigste Bayern-Fans erinnern. Immer wieder kommt der Ball zu Abramczik, der eine Flanke nach der anderen gefährlich vor das Bayern-Tor schlägt. Zur Halbzeit steht es 2:0. Eigentlich schon Strafe genug, möchte man meinen, doch sollte es für die überheblichen Bayern noch schlimmer kommen. Denn Schalke kennt an diesem Tag kein Erbarmen: 4-mal trifft Fischer, je ein Mal jubeln Dubski, Kremer und Abramczik.

Übrigens: Der Fernsehsender ZDF drehte gerade an diesem Tag Szenen für ein Porträt über Sepp Maier. Immerhin war er oft genug im Bild.

14

4:7 gegen den 1. FC Kaiserslautern (Bundesliga, 20. Oktober 1973 in Kaiserslautern)

In Deutschland gibt es einen Hügel, vor dem die Bayern zittern: der Betzenberg. In der Hölle der Roten Teufel gab es selten etwas zu holen außer deftigen Niederlagen. Besonders heftig traf es die Münchner am 12. Spieltag der Saison 1973/74. Trainer Erich Ribbeck und seine Lauterer Buben ließen dem späteren Meister erst ein wenig Vorsprung und schickten ihn schließlich mit einer 4:7-Pleite heim.

Vor 34.000 Zuschauern gingen die Bayern durch zweimal Gersdorf (5. und 12.) und einmal Müller (36.) 3:0 in Führung, bevor Josef Pirrung kurz vor der Pause das 1:3 glückte. Die Bayern hakten das Spiel spätestens nach dem 4:1 durch Müller als sicheren Auswärtssieg ab. Und das war ein Fehler! Als Klaus Toppmöller bereits eine Minute später zum 2:4 einnetzte, waren die Roten Teufel nicht mehr zu halten. Das Spiel wurde zur Legende und Lautern zum Angstgegner der Bayern.

Mit zwei weiteren Treffern (61. und 73.) sorgte Pirrung für den Ausgleich: »Wenn es zehn Minuten länger gegangen wäre, dann hätten wir denen zehn Stück reingemacht. Der Beckenbauer wusste gar nicht mehr, wo die Mittellinie ist.« Als Ernst Diehl in der 84. Minute die 5:4-Führung erzielte, brannte der Betze. Herbert Laumen machte das Maß voll: Mit Treffern in der 87. und 89. Minute stellte er den Endstand her.

Nach dem denkwürdigen Spiel legten die Bayern nach dem Motto »Was die anderen schwächt, macht uns stark« Seppl Pirrung ein Vertragsangebot vor. Pirrung aber bewies Charakter: Er wollte niemals zu den Bayern gehen und lehnte ab.

2:2 gegen Roter Stern Belgrad (Europacup der Landesmeister, Halbfinal-Rückspiel, 24. April 1991 in Belgrad)

»Ich verspreche euch den Europapokal«, hatte Jupp »Osram« Heynckes vor der Saison 1990/91 getönt. Ein Roter Stern bringt die Bayern-Stars jedoch im Halbfinale der Landesmeister zum Verglühen. Das Hinspiel hat der FCB mit 1:2 im heimischen Olympiastadion verloren. Auch in Belgrad scheint alles nach Plan zu laufen: Bereits nach 25 Minuten steht es 1:0 für die Jugoslawen. Doch nach der Pause dreht sich das Spiel. Es stürmt nur noch ein Team: der FC Bayern. Nach 67 Minuten führen die Münchner durch Treffer von Augenthaler und Bender mit 2:1.

Es sind nur noch Sekunden bis zum Schlusspfiff, der Verlängerung bedeutet hätte. Der Schweizer Unparteiische Galler hat schon die Pfeife im Mund und schaut auf seine Uhr. »Da passiert mir dieses dicke Ding. Mein Fehler hat uns den Finaleinzug gekostet«, kasteit sich Raimond Aumann hinterher. Es war jedoch nicht der alleinige Verdienst des Keepers mit Spitznamen »Balu«. Ein anderer bewies an diesem 24. April in der 90. Minute ebenfalls Auge: Libero Klaus Augenthaler wehrt nach einem Angriff den Ball Richtung eigenes Tor ab. Eine einfache Übung für Aumann, denken die Bayern-Fans, da »Balu« in jedem Trainingsspiel platziertere Schüsse halten muss. Selbst die Belgrader Spieler drehen bereits ab und gehen in Gedanken in die Verlängerung. Sie haben die Rechnung aber ohne den Torwart gemacht, der die Kugel zum 2:2 ins eigene Netz lenkt.

Die leeren Gesichter der Profis werden noch austauschbarer als sonst. Sprachlos schleichen sie in die Kabine. Nach dem verständlichen Aus gegen den übermächtigen Gegner aus Weinheim in der ersten Runde des DFB-Pokals bleibt nur noch die Hoffnung auf die Meisterschaft. Die gewinnen jedoch die Roten Teufel vom Betze. Am Ende hält Heynckes kein Versprechen, aber immerhin den Supercup in Händen. Ist ja auch irgendwie ein Pokal. Trotzdem wurde Heynckes hinterher ganz kleinlaut: »Vielleicht hätte ich sagen sollen, wir tun alles, um den Europapokal zu holen.« Hätte er mal – hätte aber nicht zum Image des FC Großkotz gepasst.

16

5:6 i.E. gegen den SV Werder Bremen (Pokalfinale, 12. Juni 1999 in Berlin)

17 Tage zuvor hatten die Bayern ihr Trauma in Barcelona erlebt. Im Finale des DFB-Pokals in Berlin sollte zumindest das Double her, wenn man schon in der Liga der Champions versagt hatte. Großmäulig tönte Mario Basler noch vor dem Spiel: »Ein zweiter Platz ist doch was Schönes!« Da hielt er es (noch) nicht für möglich, dass der Held des Abends nicht im Trikot der Bayern stecken sollte. Sein Name: Frank Rost. Seine Position: Keeper des SV Werder Bremen.

Nahezu im Alleingang rang Rost die großen Bayern nieder. Viermal machte der Bremer Torhüter das Unmögliche möglich und parierte in der normalen Spielzeit ganz allein gegen die ungedeckt auf ihn zustürmenden angeblichen Stars aus München. Als ob das noch nicht genug für einen Abend wäre, lief Rost erst im anschließenden Elfmeterschießen zur Höchstform auf. Denn nach 90 Minuten und Verlängerung hatte es durch die Tore von Maximow und Jancker immer noch 1:1-unentschieden geheißen. Und das, obwohl die Münchner die Jagd auf einen Bremer Spieler eröffnet hatten: Andreas Herzog ist das Opfer. Nach vielen unfairen Tritten scheidet der Spielmacher der Bremer zwar verletzt aus. Doch die Gerechtigkeit siegt: Bremen gewinnt trotzdem das Spiel schließlich im Elfmeterschießen.

Gleich den ersten Elfmeter versemmelt Jens Todt. Das Drama scheint für Bremen seinen Lauf zu nehmen, denn die folgenden Schützen verwandeln alle. Als letzter Spieler legt sich Stefan Effenberg den Ball zurecht. Trifft er, haben die Bayern zumindest den Trostpreis DFB-Pokal gewonnen. Mit seiner ganzen Überheblichkeit läuft er an, den 76.000 Zuschauern im Stadion stockt der Atem, er schießt, und ein Freudenschrei bricht los: Der Ball fliegt über die Querlatte in den Abendhimmel.

Nun ist alles wieder offen. Als sechster Schütze der Bremer schnappt sich Frank Rost den Ball. Mit seinem platzierten Schuss lässt er Oliver Kahn keine Chance. Jubelnd läuft er auf die Torlinie und harrt des Bayern-Spielers, der gegen ihn antreten soll. Sein Name: Lodda.

Lodda läuft an, denkt, ... nee, denkt doch nix, sondern schießt. Doch Frank Rost ist bereits in der Ecke und hält den Ball fest, ehe er unter einer Pyramide in Grün und Weiß begraben wird. »Es ist ein geiles Gefühl, die Bayern vom Sockel zu stoßen«, lässt er nach dem gewonnenen Elfmeterschießen seinen Gefühlen freien Lauf. Wer soll es ihm auch verübeln – außer natürlich die Bayern, die landauf, landab als gute Verlierer bekannt sind.

Erst pöbelt Uli Hoeneß seinen Bremer Kollegen an: »Herr Lemke hat wohl gesagt, dass man mit Geld nicht alles kaufen kann. Er hat sich damit disqualifiziert!« Damit nicht genug: »Der FC Bayern steht da wie eine Eins. Wenn wirklich jemand etwas zu sagen hat, dann sind wir das. Ich bin mit Franz Beckenbauer und Kalle Rummenigge pausenlos in Europa unterwegs. Wir spüren auf dem ganzen Kontinent die Akzeptanz. Wir lassen uns nicht durch zwei Minuten von Barcelona und Werder kaputtmachen – von inkompetenten Leuten.« Inkompetent vielleicht, Herr Hoeneß, aber in Finalspielen ungeheuer erfolgreich.

**0:1 gegen den FV 09 Weinheim (4. August 1990
in Weinheim) und den TSV Vestenbergsgreuth
(14. August 1994 in Nürnberg)**

Niederlagen der großspurigen Bayern sind umso schöner, wenn sie mal wieder einen Underdog unterschätzt haben. Legendär, nicht nur für die Fans von Weinheim und Vestenbergsgreuth, sind deren Siege in der ersten Runde im DFB-Pokal. Hohngelächter und Jubel brandeten in allen Ecken Deutschlands auf, als die Amateurkicker aus Weinheim die überheblichen Bayern-Profis am 4. August 1990 mit einem 0:1 zurück nach München schickten. Und wie werden erst die Bayern gekocht haben, als die Kicker aus der Teehochburg Vestenbergsgreuth den amtierenden Meister am 14. August 1994 abgebrüht mit 1:0 im Frankenstadion in Nürnberg abzockten.

Als am 2. Dezember 1967 das Spiel 1. FC Nürnberg gegen den Konkurrenten aus der bayerischen Landeshauptstadt angepfiffen wurde, lauteten die Vorzeichen noch etwas anders als heute: Nürnberg war Rekordmeister, achtmal hatte der »Club« bereits den Meistertitel errungen. Ein mickriger Titel aus dem Jahre 1932 stand bis dahin auf dem Briefkopf der Bayern. Das waren Zeiten, von denen die Club-Fans bis heute schwärmen.

Doch bereits 1965/66 und 1966/67 hatte sich der schnöselige Emporkömmling an den Franken vorbeigeschoben und seine Vorherrschaft im Freistaat angemeldet. Trainer Max Merkel war es jedoch geglückt, aus der Club-Elf einen Meisterschaftsanwärter zu formen, der zwei Spieltage vor dem Ende der Hinrunde die Tabelle mit drei Punkten anführte. Auf Platz zwei lagen die Bayern, die bei ihrem Gastauftritt in Nürnberg eine der bittersten Lektionen ihrer Bundesligageschichte erhalten sollten.

Von Beginn an dominierten die Franken das Spiel. Die Nürnberger Nachrichten schrieben: »Jeder einzelne Spieler, fit bis unter die Haarwurzeln und frisch wie eine Bachforelle, war seinem Gegenüber oft in mehreren Belangen überlegen.« Vor allem einer hatte einen guten Tag erwischt: Club-Stürmer Franz Brungs. Er überwand ein ums andere Mal die Abwehr um Franz Beckenbauer und hämmerte den Ball fünfmal in Folge in den Kasten von Sepp Maier. Erst beim Stand von 7:1 schalteten die Hausherren einen Gang zurück und ließen die Bayern das 7:2 und 7:3 erzielen, was Max Merkel zur Weißglut trieb. Nürnberg siegte auch im Rückspiel mit 2:0 und wurde zum letzten Mal in seiner Geschichte Deutscher Meister. Auch wenn die Statistik gegen den »Neumeister« inzwischen mehr Niederlagen als Siege (164 Spiele, 63 Siege, 71 Niederlagen, 30 Unentschieden) aufweist, ist der »Altmeister« bis heute wohl der einzige Verein, dem gegenüber die Bayern ein negatives Torverhältnis mit 267:307 aufweisen.

1:2 gegen den TSV 1860 München (Bundesliga, 15. April 2000 in München)

»Im Innern ist der Jeremies halt doch noch einer von uns«, sagte Präsident Karl-Heinz Wildmoser nach dem 2:1-Sieg seines TSV 1860 München im Derby am 15. April 2000. Warum der Löwen-Präsident den verlorenen Sohn wieder in seine Arme schloss? Jens Jeremies, der 1998 von der Grünwalder an die Säbener Straße gewechselt war, hatte in der 41. Minute einen guten Riecher bewiesen und ein Kopfballtor erzielt. Jedoch ärgerte sich nicht 1860-Keeper Daniel Hoffmann, sondern Teamkollege Oliver Kahn blickte fassungslos seinen Libero an. Mit seinem Blackout und entscheidenden Eigentor zum 1:2 hat sich Jeremies wieder einen Platz in den Herzen der Löwen-Fans erspielt.

Die Sechziger hatten auch das Hinspiel in jener Saison mit 1:0 gewonnen und den arroganten Kaiser (»Die Löwen gewinnen in 100 Jahren kein Spiel gegen uns«) Lügen gestraft. Das Weitschusstor von Thomas Riedl bescherte den Underdogs aus Giesing den ersten Sieg seit 22 Jahren gegen den selbsternannten »Weltverein«, der nach der Niederlage von seinen Fans erneut mit »Scheiß Millionäre« und »Außer Olli könnt ihr alle gehen« zünftig gefeiert wurde.

Das Lokalderby war immer ein Aufeinanderprallen der unterschiedlichen Münchner Fußballwelten. Die Stadt ist seit dem ersten Derby 1902 in Blaue und Rote gespalten, wobei eine überwältigende Mehrzahl der Herzen in München seit jeher für den bodenständigen und populären TSV 1860 schlagen. 195-mal trafen die »Einheimischen« bereits auf den Klub der »Zuagroasten«, die Arbeiterklasse auf das Großbürgertum, die Kämpfer auf die Individualisten, die Armen auf die Reichen.

Der Kleine schaffte es dabei immer wieder, dem Großen ein Bein zu stellen. Wie am 14. August 1965, als Friedhelm Konietzka bereits in der ersten Minute den 1:0-Sieg für die Löwen klarmachte. Und dass die »Unbesiegbaren« eine solche Ungeheuerlichkeit nicht mit Applaus bedachten, weiß der eingefleischte Bayern-Hasser schon lange. Der Fairplay-Meister bringt dann eben Farbe ins Spiel: 1965 rammte Bayern-Verteidiger Peter Danzberg den Torschützen Konietzka, um ihn dann noch mit dem Schuh am Kopf zu tätscheln. Rot! Zwölf Jahre später, bei der 1:3-Niederlage der Bayern, verpasste der damalige Stürmer, heutige Ehrenspielführer und künftige Vorstandsvorsitzende Karl-Heinz Rummenigge einem Sechziger eine Watsch'n und flog deshalb vom Platz. 1991 durfte Stefan Effenberg, nach einem Tritt ins Gemächt seines Gegenspielers, vorzeitig zum Duschen. Im September 1994 sah Christian Nerlinger und im März 1996 Oliver Kahn die rote Karte. Es ist eben ein Spiel der Roten gegen die Blauen.

1:2 gegen Uerdingen (DFB-Pokalfinale, 26. Mai 1985 in Berlin)

70.000 Fußballfans freuen sich am 26. Mai 1985 auf das Pokalendspiel zwischen den großen Bayern aus München und den Underdogs von Bayer Uerdingen aus Krefeld. Mindestens zwei Drittel der Zuschauer im Berliner

Olympiastadion hoffen auf die Sensation. Doch bereits nach acht Minuten scheint alles seinen gewohnten Gang zu nehmen: Dieter Hoeneß erzielt das 1:0.

Während die Bayern noch feiern, wird beim Außenseiter schon wieder Fußball gespielt. Buttgereit flankt, Augenthaler verpasst, und Feilzer nimmt das Ding mit vollem Risiko volley: 1:1. Nur 55 Sekunden nach der Führung ...

Das Spiel ist wieder offen, und die Bayern bekommen es auch nicht mehr in den Griff. Aber wenn es bei den Bayern nicht läuft, dann sollen auch die Gegenspieler nicht mehr laufen: In der 43. Minute springt Bayerns Dremmler dem Uerdinger Schäfer in den Rücken. Gelb. Kurz nach der Halbzeit verübt er erneut ein Foul, weswegen er sich im Schatten der Kabine abkühlen darf – Rot.

Natürlich war das in den Augen der Bayern keine Karte, dafür aber die spielentscheidende Szene. Franz Beckenbauer hatte sich bereits zur Halbzeit auf einen Schuldigen, den Schiedsrichter, festgelegt: »Alle Verwarnungen waren überflüssig. Fußball ist doch kein Schach.« Und Dremmler beschwerte sich: »Die deutschen Schiedsrichter sollten sich mal ein Video von Everton anschauen. Da gibt es nicht mal für einen Nasenbeinbruch Freistoß.« Nebenbei: Gegen Everton haben die Bayern in derselben Saison im Halbfinale der Pokalsieger mit 1:3 verloren.

Schuld allein waren jedoch die Münchner, die an diesem Tag Wolfgang Schäfer zum umjubelten Helden machten: In der 67. Minute spielt Gudmundsson den Ball mit der Hacke zu Schäfer, der reagiert schneller als Bayern-Verteidiger Eder und erzielt mit einem Flachschuss den 2:1-Siegtreffer.

```
0:2 gegen Duisburg (Bundesliga, 5. Juni
          1971 in Duisburg)
```

Diese Niederlage gegen den MSV in der Saison 1970/71 wäre an sich nicht so besonders, dass sie es verdient hätte, in die Top elf der Bayern-Klatschen aufzurücken. Vielmehr erhebt der zeitgleiche 4:1-Sieg der Gladbacher in Frankfurt diese Niederlage in den Rang eines besonders denkwürdigen Spieles, da Gladbach damit das erste Herzschlag-Finale der Bundesliga-Geschichte für sich entscheiden konnte.

Vor dem 34. Spieltag dieser Saison stand nämlich der FC Bayern mit 74:34 Toren und 48:18 Punkten an der Tabellenspitze. Auf dem zweiten Rang lag punktgleich die Elf vom Bökelberg. Mit 73:34 Toren hatten die Gladbacher lediglich ein Tor weniger als die Münchner erzielt. Bis zur Halbzeit dieses letzten Bundesligaspieltages konnten sich Beckenbauer und Co. noch als Meister fühlen. Doch dann trifft Rainer Budde zweimal für den MSV. Gladbach siegt überlegen im Fernduell durch Tore von Günter Netzer, Horst Köppel und zweimal Jupp Heynckes und darf sich als verdienter Meister feiern lassen.

 Neben diesen elf wunderbaren Partien gibt es noch eine Reihe von Niederlagen, bei deren Erwähnung das Herz des Bayern-Hassers schadenfroh zu hüpfen beginnt:

Die 0:6-Auftaktniederlage in der Bundesliga-Saison 1974/75 in Frankfurt.

Oder das 5:6 am 7. Juni 1975 in Düsseldorf, als sie bereits mit 3:1 und 4:2 führten.

Oder 1976/77 das 1:6 in Saarbrücken.

Oder das 1:7 1978/79 in Düsseldorf (Auswärtsrekord).

Oder das 0:1 gegen Aston Villa 1982 im Finale des Europapokals der Landesmeister in Rotterdam.

Oder das 1:0 der Kiezkicker von St. Pauli in der Saison 1990/91 im Olympiastadion.

Oder das 6:2 von B 1903 Kopenhagen 1991/92 im Uefa-Cup.

Oder das 0:2 am Bökelberg in Mönchengladbach in der Saison 1993/94, als sich die Bayern nach 89 Minuten bereits auf ein Unentschieden eingestellt hatten, jedoch nicht mit dem Torinstinkt von Heiko

Herrlich rechneten, der in zwei Minuten noch zweimal traf.

Oder 1995/96 das 1:0 von Hansa Rostock in München, das Otto Rehhagel den Job kostete.

Oder das 2:1 des Hamburger SV in derselben Saison, als Breitenreiter und Jähnig das Spiel in der Nachspielzeit umdrehten.

Oder das 2:3 gegen Bremen am 7. Mai 1996, als die Bayern nach einer 2:0-Führung im Alleingang von Marco Bode noch bezwungen wurden.

Oder das 4:2 von Bayer Leverkusen in der Spielzeit 1997/98, als die Bayern durch Treffer von Elber (6.) und Jancker (24.) scheinbar den Sieg in der Tasche hatten, aber durch Tore von Heintze (45.) sowie Ulf Kirsten im Dreierpack (69., 90., 90.) in letzter Minute gedemütigt heimreisen mussten.

Oder das 1:0 der Lauterer in ihrer Meistersaison 1997/98, als der Aufsteiger unter Trainer Otto Rehhagel den Meister bereits am ersten Spieltag in München demütigte. Das Rückspiel gewannen die Pfälzer 2:0.

Oder die 0:1-Niederlage in der Verlängerung in Dortmund im Viertelfinal-Rückspiel der Champions-League 1998.

Oder die 0:1-Niederlagen gegen Unterhaching und Cottbus in der Saison 2000/01.

Oder die 1:5-Klatsche »Auf Schalke« in der Saison 2001/02, als sich die Königsblauen für die entgangene Meisterschaft eine Saison zuvor rächten.

Oder das 1:2 bei St. Pauli, das der Underdog anschließend mit einem Sonderverkauf von T-Shirts mit dem Aufdruck »Weltpokalsieger-Besieger« zelebrierte. Hoeneß vertrug die Schmach in der Hafenstadt nicht so gut wie seine Spieler die Spezialitäten von der Küste. Er warf seinen Spielern vor, sie würden wenige Stunden danach bereits zur Tagesordnung übergehen: »Die schieben sich genüsslich noch ein paar Scampis rein, und ich habe eine schlaflose Nacht.«

Pleiten, Pech und Pannen

Den Spielern des FC Unbesiegbar wird bekanntlich bei Vertragsunterschrift das Winner-Gen eingepflanzt, das immun macht gegen menschliches Versagen. Aus nervösen und tollpatschigen Spielern werden abgebrühte Super-Profis, denen alles gelingt. Sie verfügen über die einmalige Gabe, das Glück zu erzwingen.

So jedenfalls lautet eine der bayerischen Lieblingslegenden. In Wirklichkeit kann niemand Glück erzwingen. Die Behauptung ist so irrwitzig, dass man darüber eigentlich kein Wort verlieren müsste, wenn sie nicht andauernd von Medien und Bayern-Spielern verbreitet würde. Zur Klarstellung: Entweder man hat Glück oder man hat es nicht. Sonst wäre es kein Glück. Der Dusel, sollte man meinen, wird von Gott oder einer anderen Schicksalsmacht per Zufallsprinzip – oder besser noch: gleichmäßig – verteilt. Leider ist das nicht so. Dem Bayern-Hasser braucht niemand vorzurechnen, wie ungerecht Wer-Auch-Immer seine Geschenke verteilt. Umso schöner und unvergesslich sind die rar gesäten Ereignisse, bei denen der FC Dauerdusel Pech hatte und die Glückerzwinger mit dem Sieger-Gen dastanden, wie sie wirklich sind: den Schicksalskräften unterlegen wie gewöhnliche Deppen.

21. August 1982: Das Einwurf-Tor von Uwe Reinders

Zum Saisonauftakt treten die Bayern im Bremer Weserstadion mit ihrem neuen Torwart Jean-Marie Pfaff an, den sie für rund 800.000 Mark vom SK Beveren gekauft haben. Doch die Bayern-Ärzte müssen bei der Vertragsunterzeichnung die Spritze mit dem Sieger-Gen vergessen haben. Eine Minute vor der Halbzeitpause holt der Bremer Uwe Reinders auf Höhe des Strafraumes zu einem gewaltigen Einwurf aus. Der Ball segelt unberührt auf das Tor zu – und wenn Pfaff ihn hätte weitersegeln lassen, wäre nichts passiert, da Einwürfe nicht direkt verwandelt werden dürfen. Aber der Belgier, der in der Kindheit auf Jahrmärkten als Jongleur auftrat, will gleich mal zeigen, wo der Hammer hängt. Er streckt seine Hand aus, um den Ball cool zu fangen – und boxt ihn sich ins eigene Netz. Die Bremer bringen das 1:0-Geschenk kühl über die neunzig Minuten. Pfaffs Reaktion danach: »Dieses Tor war positiv für mich. Ich war sofort überall bekannt. Vom Fernsehen wurde es zehnmal wiederholt.« Leider nicht vom Torhüter.

10. August 1985: Winklhofers Winkel-Treffer

Seit dem DFB-Pokalendspiel in Berlin (siehe auch »Die schönsten Niederlagen«) zittern die abgebrühten Bayern vor Uerdingen. Wenige Wochen nach der Schmach von Berlin treten die Münchner zum Saisonauftakt beim Angstgegner in Krefeld an. Helmut Winklhofer jedoch nimmt sich ein Herz: In der 34. Minute zieht er völlig unbedrängt aus knapp dreißig Metern ab und trifft mit einem herrlichen Weitschuss unhaltbar ins Kreuzeck. Leider in das des eigenen Tores. Uerdingen schaukelt das 1:0 eiskalt über die Zeit.

26

Winklhofers Winkel-Treffer wird in der ARD-Sportschau mit großem Abstand zum Tor des Monats gewählt, doch der Bayern-Spieler erscheint nicht zur Ehrung im Studio. Uli Hoeneß tobt wie gewohnt: »Eine bodenlose Frechheit, ihn auch noch einzuladen. Wir dürfen uns nicht mehr gefallen lassen, dass die uns vom Fernsehen verarschen. Wir müssen wieder arroganter werden.« Auftrag ausgeführt – sie sind (noch) arroganter geworden.

24. April 1991: Auge-Aumanns Knock-out-Treffer

Im Halbfinal-Rückspiel des Europapokals der Landesmeister spielt der FC Cleverness bei Roter Stern Belgrad. Als sich beide Teams auf die Verlängerung einstellen, erlösen Klaus Augenthaler und Raimond Aumann das Publikum mit einer herrlichen Koproduktion: »Auge« lenkt den letzten Belgrader Angriff lässig in Richtung Aumann. Der Keeper hampelt den

Ball zum 2:2-Ausgleich ins eigene Netz, und die Bayern fliegen aus dem Wettbewerb (siehe auch »Die schönsten Niederlagen«).

12. Oktober 1991: Münchs Arsch-Tor

Erfolgscoach Sören Lerby muss schon das Heimspiel des 13. Spieltages gegen Borussia Dortmund zum Endspiel erklären. Derart unter Druck gesetzt, zeigt der FC Unbeeindruckbar Nerven, und Dortmund siegt gemütlich mit 3:0. Den Schlusspunkt nach Toren von Michael Rummenigge und Flemming Povlsen setzt Markus Münch in der 86. Minute: Mit dem Gesäß erzielt der bayerische Einwechselspieler ein herrliches Joker-Eigentor. Die Vorarbeit leistet Torwart Gerald Hillringhaus, dessen Befreiungsschlag von außerhalb des Strafraumes derart wuchtig auf Münchs Pobacke klatscht, dass der Ball von dort ins Bayern-Tor kullert.

15. April 1995: Trapattonis beste Einwechslung

Der Star-Coach des professionellsten Klubs der Welt kennt die Spielregeln nicht. Am 26. Spieltag wechselt Trapattoni beim Gastspiel in Frankfurt in der 73. Minute Dietmar Hamann ins Bayern-Team und erhöht damit die Zahl der Amateure in Rot auf vier. Der 5:2-Sieg der Bayern wird als 2:0 für die Eintracht gewertet.

10. Mai 1997: Klinsis Tonnentritt

Am 31. Spieltag ist der SC Freiburg als Tabellenschlusslicht Gast im Olympiastadion. Die Zirkus-Mannschaft von Giovanni Trapattoni bietet 63.000 Zuschauern eine sensationelle 0:0-Show, als Jürgen Klinsmann in der 80. Minute ausgewechselt wird. Trap demütigt Klinsi durch die Einwechslung des Amateurs Carsten Lakies. Die schwäbische Diva ist empört, gestikuliert wild und beweist Nerven aus Stahl: Wutentbrannt tritt er nach seiner Auswechslung in die Werbetonne eines Batterieherstellers.

Das Sperrholz splittert, Klinsmann steckt mit dem rechten Schussbein in der Tonne fest. Er befreit sich und trottet professionell unter die Dusche. Am Spielstand ändert sich nichts mehr. Der Batteriehersteller ist entzückt, weil seine Werbetonne so hervorragend ins Bild gesetzt wird, und schickt Klinsmann zum Dank ein Sortiment Batterien.

10. Dezember 1997: Kahns Blackout gegen Göteborg

Im letzten Champions-League-Spiel vor der Winterpause empfängt der FC Kahn IFK Göteborg im Olympiastadion. Für die Bayern geht es um nichts mehr, weil sie die nächste Runde bereits erreicht haben, und so entwickelt sich die Partie wie gewohnt: Lustlose Münchner traben über den Platz, haben Glück, dass sie nicht früh in Rückstand geraten, und ernten zur Pause ohrenbetäubende Pfiffe von 27.000 Zuschauern. In der 51. Minute bietet dann »Mister 1000 Prozent«, Oliver Kahn, sein ganzes Können auf, als er einen 0,1 Stundenkilometer langsamen und präzisen Rückpass von Markus Babbel über den rechten Fuß zum 0:1 ins Tor hoppeln lässt. Damit war die zweite Heimniederlage der Bayern in der Champions-League eingeläutet. Kahn sagt später zu dieser Szene: »Die Fans müssen wissen, dass ich kein Clown bin.« Sie lachen trotzdem und kriegen sich in der 68. Minute gar nicht mehr ein, als Mehmet Scholl für den FC Siegeswillen einen Elfmeter verschießt und die 0:1-Blamage besiegelt. Das Publikum feiert den gegnerischen Torwart Thomas Ravelli, der nach dem Abpfiff verdutzt sagt: »Die haben meinen Namen gerufen. Das war unglaublich. Das habe ich noch nirgendwo erlebt.«

15. September 1999: Kuffour knockt Sergio aus

In der Champions League empfangen die Bayern den PSV Eindhoven, als sich in der 79. Minute weitab vom Spielgeschehen die Laufwege des zweifachen Torschützen Paulo Sergio und des Abräumers Samuel Osei Kuffour kreuzen. Die beiden Bayern-Blindgänger rauschen ineinander wie zwei fehlgeleitete Güterzüge. Sergio erleidet eine Beckenkammprellung und den Bruch des Lendenwirbelfortsatzes. Die Verletzungen setzen ihn mehrere Wochen außer Gefecht. Der robustere Unfallteilnehmer spielt bis zum Schlusspfiff durch. Endergebnis: leider 2:1 für die Crash Test Dummies.

18. September 1999: Kuffour knockt Kahn aus

Drei Tage nach Kuffours erstem Volltreffer treten die Bayern am 5. Spieltag bei Eintracht Frankfurt an und verlieren in der Partie zwei Torhüter. In der 55. Minute schlägt Kuffour die Nummer eins im Luftkampf k.o. Oliver Kahn bleibt minutenlang bewusstlos am Boden liegen und wäre beinahe an seiner eigenen Zunge erstickt. Für Kahn kommt Ersatzkeeper Bernd Dreher. Der räumt acht Minuten später das Feld, weil er sich das Knie verdreht. Michael Tarnat hütet danach das Bayern-Tor. Schönheitsfehler: Frankfurt verliert trotzdem mit 1:2.

15. April 2000: Jeremies' Derby-Treffer

Am 30. Spieltag trifft das Aushängeschild auf die Münchner Löwen, und der ehemalige 1860-Profi Jens Jeremies verliert die Orientierung. Beim Stand von 1:1 in der 40. Minute gelingt ihm ein wunderbares Tor, als er eine Flanke von links unhaltbar ins eigene Tor köpft (siehe auch »Die schönsten Niederlagen«).

3. Mai 2000: Der königliche Jeremies

Keine drei Wochen nach dem ersten Streich schießt Jeremies im Champions-League-Halbfinale bei Real Madrid ein weiteres herrliches Eigentor zum 2:0 für die »königlichen« Spanier, die das Rückspiel zwar 2:1 verlieren, aber das Finale erreichen. Die Bild-Zeitung verleiht ihm nach dem Eigentor den Titel »Jens Jämmerlich«, weil der große Fußballer zuvor die Leistungen der Nationalmannschaft, an denen er keine geringe Mitschuld trug, als jämmerlich bezeichnet hatte.

Eine weitere Glanzleistung gelingt Kuffour am 31. Spieltag der Bundesliga gegen Freiburg. Ein Kopfball des glatzköpfigsten, größten und schlechtesten Kopfballspielers der Liga, Carsten Jancker, segelt in der 55. Minute unaufhaltsam in Richtung Freiburger Tor, als Sammy seine Rübe dazwischen hält, um den Ball noch kräftiger ins Netz zu drücken. Aber Kuffour steht dabei auf der gegnerischen Torlinie und damit im Abseits, so dass der Treffer annulliert wird. Jancker rastet ob des geklauten Tores aus und haut ihm nach einem Anlauf über 30 Meter eine rein. Die mannschaftliche Geschlossenheit der Bayern führt leider dennoch zu einem 1:0-Sieg.

Am 11. Spieltag empfängt der 1. FC Köln den am perfektesten organisierten Klub der Welt. Die Bayern-Spieler kommen elf Minuten zu spät aus der Kabine. Schiedsrichter Lutz Michael Fröhlich hätte das Spiel also auch 2:0 für Köln werten können. »Das war ein Fehler des FC Bayern«, sagt Uli Hoeneß über die Verspätung. Der Zeugwart des professionellsten aller Klubs hatte nur rote Trikots eingepackt. Den FC Bayern interessieren die unteren Tabellenränge nicht, denn Köln – das weiß sonst jeder – spielt zu Hause immer in Rot. Rot gegen Rot erlaubte der Schiri nicht. Die Bayern ohne Punkte nach Hause zu schicken, traut er sich nicht. Respektlos laufen die Bayern also mit weißen Leibchen über den Trikots auf – wie im Training.

Nach Bayerns unverdientem 2:0-Sieg nutzt Hoeneß die Panne, um seinem FC Gefühlskälte ein menschlicheres Image aufzupfropfen:»Aber es ist doch schön, dass so ein hoch organisierter Klub wie der FC Bayern auch noch menschliche Fehler macht.« Sehr schön, Herr Hoeneß. Wir wüssten gern, wie sich Uli ereifert hätte, wenn Köln in München zu spät und in Trainingshemdchen aufgelaufen wäre. Jedenfalls behauptet Hoeneß dann noch, dass die Kölner ängstlich gegen sein verkleidetes Team gespielt hätten, und folgert: »Wenn man Angst hat, wird man vom FC Bayern bestraft.« So menschlich ist der FC Bayern.

Saison 2000/2001: Null-Tore-Stürmer Jancker

Carsten Jancker bewies in der Saison vor der Fußball-WM, dass er jederzeit in der Lage ist, Chancen auszulassen, und dass ein Spiel für ihn nicht neunzig Minuten dauert. Der sogenannte Fußballgott kam in seiner besten Saison insgesamt 17-mal zum Einsatz und spielte dabei durchschnittlich 41,9 Minuten. Dass er mit null Treffern zur WM in Japan und Südkorea fahren durfte, verdankt er allein dem Bayern-Bonus. Bundesliga-Torschützenkönig Martin Max musste mit 18 Saisontreffern zu Hause bleiben, weil er nur Löwen-Spieler ist. Seinen Fehler stellte Rudi erst nach den drei Vorrundenspielen fest; in den weiteren Partien spielte Jancker keine Rolle mehr in den Planungen des Teamchefs. Hätte er mal den Max mitgenommen, vielleicht wären wir dann Weltmeister geworden.

31

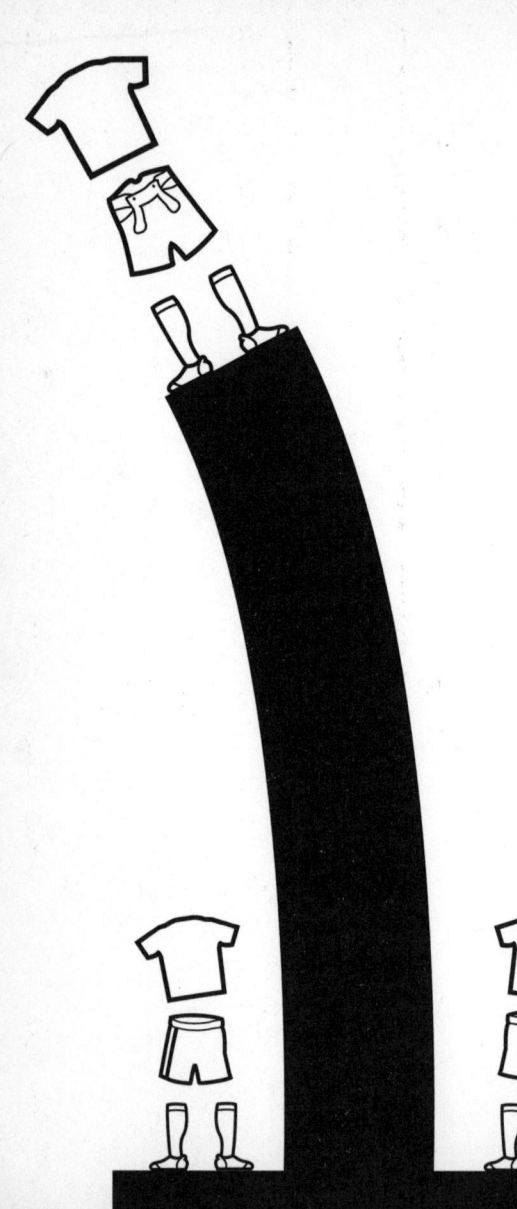

eventuell entfernen

Die schlimmsten Bayern-Siege für den Bayern-Hasser

Der FC Bayern hat mehr Titel gewonnen als jeder andere deutsche Fußballverein. Das tut weh, aber leugnen können wir es nicht. Als Hasser sind wir verpflichtet, eine Erklärung für die Unzahl von Bayern-Titeln zu suchen: Feststeht, dass der Verein seine Erfolge durch eine giftige Mischung aus Unfairness, Hilfe des DFB, Unterstützung der Medien, Dämlichkeit seiner Gegner, Blindheit der Schiedsrichter und Dusel, Dusel, Dusel erringt. Dass dieses Schicksalsgebräu immer wiederkehrend dem FC Bayern zum Erfolg verhilft, dafür gibt es keine sinnvolle, sondern nur eine übersinnliche Erklärung:

Andreas Möller klopft an die Himmelspforte. Gott öffnet, führt ihn in eine bescheidene Hütte und sagt: »Das ist dein Zuhause im Paradies.« Ist ok, denkt sich Möller, und schaut aus dem Fenster. Gegenüber erblickt er ein prachtvolles Anwesen, das mit rot-weißen Fahnen, Bayernwimpeln und Meisterschalen aus Pappe geschmückt ist. Neidisch fragt er: »Da drüben, das ist wohl das Haus vom Effenberg?« Gott antwortet: »Nein, mein Sohn, da wohne ich.«

Eine Aufstellung aller Siege, die durch unglückliches Zusammentreffen der genannten Faktoren – vor allem durch Dusel – zustande gekommen sind, würde den Rahmen dieses Büchleins sprengen. Im Folgenden sollen darum nur die ärgerlichsten Siege und glücklichsten Umstände der Bayern-Erfolge genannt werden. Wer das nicht aushält, möge die folgenden Seiten bitte aus dem Buch herausreißen und an Bayern-Fans verschenken.

Die ärgerlichsten Meistertitel

Die Saison 1985/86 ist ein Musterbeispiel für Bayern-Erfolg, wenn sich Unfairness mit der Unfähigkeit der Gegner mischt, im entscheidenden Moment den K.-o.-Schlag zu setzen. In der denkwürdigen Spielzeit steht der SV Werder Bremen seit dem 2. Spieltag an der Tabellenspitze. Der Shootingstar in einer überlegen aufspielenden Mannschaft ist ein junger Spieler namens Rudi Völler.

Am vorletzten Spieltag der Hinrunde, dem 23. November 1985, muss der Tabellenführer nach München. Dort trainiert Udo Lattek ein Bayern-Ensemble von großer spielerischer Armut und gefährlichem Zerstörungswillen. Von Beginn an zeigen die Bremer, dass sie in dieser Saison die Besten sind. Die überforderten Münchner reagieren brutal: Als Rudi Völler in der 28. Minute von der Mittellinie zu einem Sturmlauf ansetzt, grätscht Bayern-Libero Klaus Augenthaler von der Seite in Völlers Beine. Der Stürmer wird so schwer verletzt, dass er erst im Rückspiel, 150 Tage später, wieder auflaufen kann.

Genauso schlimm wie der üble Knochenbrechertritt klingt die Rechtfertigung des Bayern-Trainers Lattek: »Spielen Sie mal gegen einen Rudi Völler. Gegen so einen Mann den Ball zu spielen, das ist unmöglich; der ist zu schnell.« In der 44. Minute tritt dann noch Latteks Liebling Lothar Matthäus gegen den Bremer Bruno Pezzey nach und sieht die rote Karte. Trotz des Unterzahlspiels gewinnen die Bayern am Ende glücklich mit 3:1. Das macht zunächst nichts, da die Bremer überlegen die Tabelle anführen. Doch der Ausfall des Superstürmers Völler kostet in der Rückrunde entscheidende Punkte. Der Verdacht, dass die Bayern Völler absichtlich ausschalteten, besteht nicht zuletzt wegen Latteks makabrer Begründung für das Foulspiel.

32 Spieltage lang steht der SV Werder Bremen trotz des Völler-Verlusts

an der Tabellenspitze. Obwohl ganz Deutschland hinter dem fairen Sportverein in Grün und Weiß steht, gelingt den Bayern jedoch ein einziges Mal der Sprung auf Platz eins: leider nach dem letzten Spieltag. Völler betont später: »Eins ist sicher: Mit mir wäre Werder in dieser Saison Meister geworden.«

Außer der unfairen Attacke gegen Völler kostet den SV Werder das Versagen eines Mannes im entscheidenden Augenblick den Titel. Der Fußballer Michael Kutzop war ein Arbeiter, kein Schönspieler. Aber eines konnte der Vorstopper mit der Rückennummer vier ganz besonders gut: Elfmeter versenken.

Wenn es einen Strafstoß für Werder gab, trottete der grobschlächtige Bär zum Punkt. Egal in welchem Stadion, egal wie laut die gegnerischen Fans pfiffen und tobten, egal wer sein Gegenüber war, Kutzop lief an, schoss und traf. In der Saison 1985/86 hatte er acht Elfmeter geschossen, acht davon verwandelt.

Als am 22. April 1986 – dem Rückspiel gegen die Bayern – Schiedsrichter Volker Roth in der 88. Minute auf den Punkt im Weserstadion zeigt, steht das Spiel Null-Null. Mit einem Sieg kann sich Werder vorzeitig den Meistertitel sichern. Völler – der nach Augenthalers Knochenbrechertritt erstmals wieder für die letzten zwölf Minuten mitwirkte – hatte im Strafraum Lerbys Hand angeschossen, der Schiedsrichter daraufhin Elfer gepfiffen.

Die Bayern inszenieren Tumulte auf und neben dem Platz. Co-Trainer Egon Coordes drischt den Spielball in die Zuschauerränge, um Zeit zu gewinnen. Die Bayern-Spieler nutzen die Gelegenheit, um Kutzop fertigzumachen. Der Bremer Spieler sagt nach dem Spiel: »Pflügler zog mich am Ohr. Ein anderer Bayer bespuckte mich.«

Kutzop legt sich den Ball zurecht, läuft an, ein langer letzter Schritt, um zu erahnen, in welche Ecke sich der Torwart schmeißen würde. Pfaff zuckt nach links, Kutzop schießt nach rechts. Pfaff ist geschlagen, alle Augen folgen dem Ball, der sich der Torlinie nähert, sie jedoch nicht überquert, sondern an den Pfosten klatscht. Wenig später ist das Spiel aus. Michael

Kutzop hat danach seine Telefonnummer ändern müssen: Einige Bayern-Fans dachten, es sei komisch, ihm zu gratulieren.

Und am Samstag nach dem Pfostenschuss werden die Bayern nur aufgrund des besseren Torverhältnisses Meister, weil sie Mönchengladbach schlagen und Bremen gleichzeitig in Stuttgart 1:2 unterliegt.

1993/94: Im Titelkampf spielt der FC Bayern auf größere Tore

»Ich habe es nicht gesehen«, versucht sich Thomas Helmer nach der Partie gegen den »Club« zu rechtfertigen. Drei Spieltage vor Schluss der Saison 1993/94 geht es für die Bayern mit Trainer Kaiser Franz um die Meisterschaft und für Nürnberg gegen den Abstieg. In der 26. Minute schlägt der Münchner Marcel Witeczek einen Eckball. Thomas Helmer gelingt das Kunststück, den Ball aus einem halben Meter Entfernung mit der Hacke am Tor vorbei zu stochern. Was selbst auf der Tribüne zu erkennen war, entgeht angeblich nur ihm sowie Schiedsrichter Hans-Joachim Osmers und seinem Assistenten Jörg Jablonski.

Aus Verzweiflung über die vergebene Chance greift sich Helmer an den Kopf und verbirgt das Gesicht hinter seinen Händen. »Den Ball vorbeizuschießen war aber schwieriger, als ihn reinzumachen«, flachst FCN-Keeper Andreas Köpke seinen Nationalmannschaftskollegen an. Helmer dreht sich ab und trottet Richtung eigener Hälfte. Plötzlich brandet Jubel im ausverkauften Münchner Olympiastadion auf. Es war kein Tor gefallen, aber das Schiedsrichtergespann hatte auf Tor für den FC Bayern entschieden. Der Schütze: Thomas Helmer.

Den Nürnberger Fans und Spielern steht die Ohnmacht gegen die Fußballmafia ins Gesicht geschrieben. Aufgebracht bedrängen die Club-Spieler Schieds- und Linienrichter. Das Fähnchen Jablonski hat hinterher nur zu sagen: »Ich stehe an der Eckfahne und schaue in die Sonne. Der Spieler Helmer steht am hinteren Pfosten, vor der Torlinie. Ich sehe, wie Köpke auf den Ball zustürzt und wie Helmer den Ball über die Linie bringt. Ich habe nach bestem Wissen und Gewissen entschieden.«

Und was macht der liebe Thomas Helmer? Er geht natürlich nicht zum Schiedsrichter, um alles aufzuklären. Stattdessen lässt er sich für seinen Nicht-Treffer und seine Verlogenheit feiern.

Das Spiel ging in die Geschichte der Bundesliga ein. Der Endstand war 2:1 für die Bayern. Nach dem unglaublichen 2:0 durch Helmer in der 65. Minute hatte Alain Sutter in der 79. Minute den Anschlusstreffer markiert. Zu allem Überfluss verschoss der Ex-Bayer Manni Schwabl eine Minute später auch noch einen Strafstoß für Nürnberg.

Wäre es am 23. April 1994 im Olympiastadion mit rechten Dingen zugegangen, hätte das Spiel mit einem Unentschieden geendet. Nürnberg wäre nicht abgestiegen und Bayern aufgrund der schlechteren Tordifferenz Vize-Meister hinter Kaiserslautern geworden. Das nach dem Untor fällige Wiederholungsspiel gewannen die Bayern aber mit 5:0.

1999/2000: Danke, SpVgg. Unterhaching! Danke, Michael Ballack!

»Danke, Unterhaching!« steht in großen roten Lettern über dem Kapitel über die Saison 1999/2000 in der FC-Bayern-Chronik. Danke, Unterhaching, das dachten sich mit grimmiger Ironie nicht nur die Spieler von Bayer Leverkusen, sondern auch die Mehrheit der deutschen Fußballfans. Die Ausgangslage vor dem letzten Spieltag am 20. Mai 2000 spricht für Leverkusen. Bayer hat einen Sieg mehr auf dem Konto, der FC Bayern das bessere Torverhältnis. Leverkusens Trainer Christoph Daum und seinem Team reicht in Unterhaching ein Remis, die Bayern müssen im Olympiastadion gegen Werder Bremen gewinnen und zudem auf Unterstützung aus dem Münchner Vorort hoffen.

Angesichts ihrer Ohnmacht verlegen sich die Bayern im Vorfeld des Spiels auf psychologische Kriegführung: Effenberg und Co. reden Haching als »beste Mannschaft der Bundesliga« und als »die Nummer 1«

stark. Keiner glaubt diesen Schmarrn, bis auf die Spieler von Bayer Leverkusen, die im Sportpark völlig verunsichert auflaufen. In der 20. Spielminute schiebt Michael Ballack eine harmlose Flanke von rechts ins eigene Tor: Danke, Michael Ballack! Ob zu diesem Zeitpunkt bereits Handgelder, Vorverträge oder ähnliches mit dem jetzigen Bayern-Star ausgehandelt waren? Das wäre sicher zu viel gesagt. Fest steht, dass Ballack einer jener Profis ist, dem die Knie gegen den FC Bayern – sei es in Fernduellen oder im direkten Vergleich – immer besonders zitterten. Seine Ehrfurcht vor dem Aushängeschild des deutschen Fußballs machte ihn schon vor dem Wechsel nach München zum Bayern-Star.

Nach dem Schlusspfiff heißt es 2:0 für Unterhaching. Die Bayern schlagen zur selben Zeit den alten Erzfeind aus Bremen mit 3:1 und sind Meister. Die letzten Sympathien verscherzt sich der Underdog aus Unterhaching, als das Team noch am gleichen Abend gemeinsam mit den Bayern auf den Titelgewinn anstößt.

38

2000/2001: Der Blackout eines Keepers und ein Pfiff in der Nachspielzeit

Den unverdientesten Meistertitel der Bundesligageschichte erringt der FC Bayern am letzten Spieltag der Saison 2000/2001 im Zweikampf mit Schalke 04. Der Revierklub glänzt die gesamte Spielzeit mit nicht zu stoppendem Tempo- und Konterfußball, schießt mehr Tore und kassiert weniger als der FC Bayern. Vor allem in den Direktvergleichen mit den Glückskindern aus München gewinnt Schalke die Herzen aller Bayern-Hasser und den inoffiziellen Titel »Meister der Herzen«.

Im Zweikampf mit den Bayern machen die Schalker alles richtig. Sie kuschen nicht, ihnen wackeln nicht die Knie, sie haben keinen Respekt. Das Hinspiel im Parkstadion am 11.11.2000 wird zur Demonstration des Schalker Siegeswillens: Zweimal liegen die »Knappen« zurück, zuerst mit 0:1 und dann eine Minute nach dem Ausgleich durch Andreas Möller wieder mit 1:2. Die meisten Bayern-Gegner erholen sich von so etwas nicht. Aber auf Schalke treibt das Publikum die Kämpfer in Königsblau noch zum 3:2-Sieg durch Tore von Gerald Asamoah und Ebbe Sand.

Noch schöner der Rückspiel-Sieg am 14.4.2001 im Münchner Olympia-stadion: Nach vier Minuten führen die Bayern 1:0 und versuchen einen typischen Sieg per Über-die-Zeit-Retten. Zu oft gelingt dieses nervtötende Ballgeschiebe, das als Cleverness verkauft wird. Nicht aber gegen Schalke. Die Bayern-Einschläfer werden vom Sturmduo Emile Mpenza und Ebbe Sand überrollt. Dreimal passt der blitzschnelle Belgier Mpenza auf den dä-nischen Vollstrecker Sand, und am Ende steht es 3:1.

Am letzten Spieltag verliert Schalke trotzdem die Meisterschale im Fernduell − nicht aus eigenem Verschulden, sondern durch die Dämlichkeit eines Hamburger Torhüters und die Nachspielfreudigkeit eines Schiedsrichters. Der 19. Mai 2001 wird zum Gedenk- und Trauertag für alle Bayern-Hasser. Im Hamburger Volksparkstadion, wo der FC Dusel gastiert, sind noch wenige Sekunden zu spielen, obwohl in allen anderen Bundesliga-partien bereits Schluss ist. Schalke hat die Unterhachinger Vorjah-res-Bayern-Komplizen zu Hause mit 5:3 besiegt. Durch ein spätes Tor von Sergej Barbarez führt der HSV mit 1:0 gegen Bayern − Schalke ist zu diesem Zeitpunkt Meister.

Im Parkstadion liegen sich die Schalker in den Armen und feiern. Ein Feh-ler, vielleicht der einzige der Saison: niemals zu früh freuen. Denn in Ham-burg ist noch nicht Schluss, und Schiedsrichter Markus Merk hat wie alle Schiris Geduld, wenn das Aushängeschild zurückliegt. Er ist scheinbar wild entschlossen, dem Rekordmeister ein wenig auf die Sprünge zu hel-fen, wenn möglich.

In der 94. Minute bietet sich diese Chance für Merk, als ausgerechnet ein Ex-Schalker den dümmsten Fehler seiner Karriere macht: Mathias Scho-ber, Ersatzkeeper des HSV, drischt den zuletzt von einem Mitspieler be-rührten Ball nicht in die Tribüne und wartet auf den Abpfiff. Nein, er nimmt den Ball mit den Händen auf. »Wenn ich gedacht hätte, das sei ein uner-laubter Rückpass, hätte ich das doch niemals getan«, entschuldigt sich Schober danach.

Merk jedenfalls wertet den von HSV-Verteidiger Tomas Ujfalusi aus dem Zweikampf heraus gegrätschten Ball ohne zu zögern als absichtlichen Rückpass. Der indirekte Freistoß von Bayern-Spieler Patrick Andersson durchbricht die HSV-Mauer, es steht 1:1, Merk pfeift ab, und der FC Bayern ist irgendwie Meister. In Schalke, in Hamburg, überall – die Herzen der Bayern-Hasser trauern.

Seit 1995/96: Die Drei-Punkte-Regel als Bayern-Helfer

Tore, Tore, Tore versprachen sich die DFB-Verantwortlichen, als sie zur Saison 1995/96 die Drei-Punkte-Regel einführten. Angriffslust sollte sich lohnen, die Spiele spannender werden: Statt zwei Punkte gibt es seitdem drei Punkte für einen Sieg, weiterhin einen für ein Remis.

Die Rechnung ging nicht auf. Jedenfalls treffen die Stürmer im Durchschnitt wie eh und je. Genutzt hat die Regeländerung seit ihrer Einführung nur einem Verein: natürlich dem FC Bayern. In den sieben Spielzeiten von 1996 bis 2002 hatte die Umstellung kaum Einfluss auf die Meisterfrage. 1996 Dortmund, 1997 Bayern, 1998 Kaiserslautern, 1999 Bayern und 2002 Dortmund wären auch nach der alten Zwei-Punkte-Zählweise Meister geworden. Die Gewinner 2000 und 2001 aber würden ohne die Reform Leverkusen und Schalke heißen. Von einer jahrelangen Bayern-Dominanz würde niemand sprechen können.

In der Saison 2000 sicherten sich die Münchner den Titel vor Leverkusen lediglich aufgrund der besseren Tordifferenz. Nach der alten Regel wäre Bayer mit 52:16 Punkten vor den Bayern mit 51:17 Punkten Meister geworden. Eine Saison später gewann Bayern mit einem Punkt Vorsprung den Titel vor dem FC Schalke 04. In der guten alten Zeit hätte Schalke aufgrund der besseren Tordifferenz (+30 gegenüber +25) die Schale in Händen halten dürfen. Die Bayern hätte man ausgiebig als Meister der Herzen oder ewigen Zweiten feiern können. Doch der Einfluss von höheren Mächten und die Drei-Punkte-Regel verhinderten dies.

Die ärgerlichsten Siege im DFB-Pokal

**DFB-Pokalfinale 1984:
Der Judas aus Gladbach**

120 Minuten plätscherte das DFB-Pokalfinale am 31. Mai 1984 im Frankfurter Waldstadion dahin. Mill hatte Mönchengladbach in der 33. Minute in Führung gebracht, Dremmler stolperte acht Minuten vor dem Ende einen Abpraller zum Ausgleich für München ins Tor. In der Verlängerung passierte nichts, deshalb musste zum ersten Mal in der Geschichte des DFB-Pokals ein Elfmeterschießen über den Titel entscheiden.

Für Gladbach, das unter Trainer Jupp Heynckes zur Überraschungself gereift war und sich in der Liga vor den Bayern auf Rang drei platziert hatte, trat als erster Schütze Lothar Matthäus an. Bereits vor dem Finale hatten sich die Münchner seine Dienste für die kommende Saison gesichert (siehe auch »Transferpolitik: Kaufe deine Feinde!«).

An den Elfmeterpunkt tritt also ein junger Spieler, der in der kommenden Saison für den FC Bayern spielen soll. Wenn er trifft, stehen die Chancen gut, dass Gladbach den Titel gewinnt und im Wettbewerb der Pokalsieger antritt − ohne den Ex-Gladbacher Matthäus. Wenn er verschießt, holen die Bayern den Pokal und spielen in der nächsten Saison auf internationaler Bühne um den Europacup − mit dem Neu-Münchner Matthäus.

41

Der Noch-Gladbacher verzieht den Elfmeter völlig und schießt den Ball weit über das Tor in den Frankfurter Nachthimmel. Matthäus ließ mit dieser Aktion weiten Raum für Spekulationen. War es einfach Pech? Fehlendes Können? Oder der Druck seines neuen Arbeitgebers? Einige Borussen-Anhänger hatten schon vor dem Spiel mangelnde Loyalität geahnt und deshalb gefordert, dass Heynckes den Lodda nicht aufstellt. Das tat er aber doch.

Nach dem Spiel gab sich Matthäus untröstlich und tat die Unterstellungen mit »Schwachsinn« ab − um dann wenige Wochen später befreit für die

Bayern im Europacup der Pokalsieger zu spielen. Den Fehlschuss verzeihen die Fans vom Bökelberg bis heute nicht. Seine späteren Auftritte beim Ex-Verein wurden immer von lauten und stetigen »Judas raus«-Rufen begleitet.

DFB-Pokal-Halbfinale 1985: Die Schwalbe des Dieter H.

Knapp ein Jahr nach der Finalniederlage reisen die Gladbacher zur Revanche nach München. Im Halbfinale steht es in der 100. Minute Null-Null, als Schiedsrichter Wilfried Heitmann Elfmeter pfeift. 52.000 Zuschauer trauen ihren Augen nicht. Dieter Hoeneß war gestolpert, wie er es seit seiner Einwechslung getan hatte. Den Elfmeter verwandelt Sören Lerby zum 1:0-Sieg der Bayern. Gladbachs Torwart Ulrich Sude nennt Hoeneß aufgrund dieser Aktion treffend einen »zwei Meter langen Tollpatsch«. Nur der Schiri wollte es nicht erkennen. Gut, dass den Bayern im Finale gegen Uerdingen Gerechtigkeit widerfuhr (siehe auch »Die schönsten Niederlagen«).

DFB-Pokalfinale 1998: Jagd auf Bachirou Salou

Mit der Holzhackermethode gewinnen die Bayern 1998 den DFB-Pokal. Im Finale gegen den MSV Duisburg trifft es den Stürmer Bachirou Salou, der die Bayern mit Schnelligkeit und unberechenbaren Bewegungen durcheinanderwirbelt. Bereits in den ersten Minuten lässt Salou die Abwehr mit seinen Aktionen mehrmals schlecht aussehen. Als Salou in der 20. Minute das 1:0 erzielt, müssen sein direkter Gegenspieler Babbel sowie die bräsigen Matthäus, Helmer und Tarnat hilflos zuschauen. Dann wird es den Münchnern zu bunt. Am Mittelkreis grätscht Michael Tarnat, ohne eine Chance auf den Ball zu haben, dem Duisburger von hinten in die Beine. Verletzt muss Salou nach der Halbzeit in der Kabine bleiben. Ohne seinen Topstürmer verliert der MSV am Ende mit 1:2.

Am 30. Januar 2002 tritt der FC Bayern auf dem Betzenberg an. Das DFB-Pokal-Viertelfinale bietet alles, was den Bayern-Hasser zum Schäumen bringt: vergebene Chancen, laxe Schiedsrichter, ein ausrastender Hoeneß und das Elfmeterschießen mit dem unverdienten 5:3-Bayern-Erfolg.

Nach 120 Minuten steht es Null-Null, obwohl Kaiserslautern das Spiel beherrscht. Schon in der siebten Minute hätte Oliver Kahn nach einem Ellenbogencheck gegen Miroslav Klose vom Platz fliegen müssen. In der zwölften Minute hätte Lincoln per Elfmeter das 1:0 für Lautern erzielen müssen. In der Folgezeit vergeben die Lauterer reihenweise weitere Chancen.

Vor dem Elfmeterschießen steht Schiedsrichter Jürgen Jansen vor einem wild gestikulierenden Hoeneß. Es geht um die eigentlich nicht zu klärende Frage, auf welches Tor geschossen werden soll. Normalerweise spielt sich der Showdown vor der Kurve der heimischen Fans ab. Doch aus unerfindlichen Gründen entscheidet Schiedsrichter Jansen, dass auf das Tor vor den Bayern-Fans geschossen werden soll. Der Lauterer Mario Basler bemerkt nach der Niederlage: »Dieser Schiedsrichter ist ein Hosenscheißer, wie es schlimmer nicht geht.«

Sonstige Ärgernisse, Steigbügelhalter und Unglücksraben

Es gibt traumatische Szenen im Leben eines Fußballers, die wird er nie mehr los. Für Frank Mill dürfte sich diese Szene am 9. August 1986 zugetragen haben. Zum Saisonauftakt ist sein Team, Borussia Dortmund, beim Meister in München zu Gast. Die Begegnung endete 2:2, und dieses Unentschieden hatten die Bayern nur einem Mann zu verdanken: Frank

Mill. Der hatte mit hängenden Stutzen und flatterndem Trikot zwar die gesamte Bayern-Abwehr einschließlich Keeper Pfaff umkurvt, geriet dann aber unbedrängt ins Straucheln und brachte es nur noch fertig, den Ball aus drei Metern an den Pfosten anstatt ins gähnend leere Tor zu schieben.

Augen auf im Strafraum

Hoch gewachsen, die Statur eines Kastens, kahlgeschorener Kopf: Im Team der Bayern ist Carsten Jancker wirklich nicht zu übersehen. Bernd Meier, ehemals Keeper beim Lokalrivalen TSV 1860 München, hat es im Derby 1998 dennoch geschafft. Meier hatte den Ball vor Jancker, der hinter dem Löwen-Torhüter ins Tor-Aus rannte, aus der Luft gefischt. Anstatt per Abschlag den Ball weit in die gegnerische Hälfte zu dreschen, was Meier sonst vorzüglich tat, ließ er die Kugel vor seine Füße fallen und trabte in Zeitlupe genüsslich Richtung Strafraumgrenze – als plötzlich Carsten Jancker scheinbar aus dem Nichts über ihn kam, den Ball wegspitzelte und ins Tor schob. Natürlich gewannen die Bayern.

Die Medien

An den Orten, an denen der Kaiser und seine Getreuen wandern, bestimmen und verzerren sie die Realität. »Das Podium wird zur Kanzel, seine Rede zur Predigt, das Publikum zur Gemeinde.« Das haben selbst die sonst so kritischen Medien verinnerlicht. Im Einflussbereich der rot-weißen Sekte verkommen sie allzu häufig zu Verlautbarungsorganen.

In der SAT.1-Fußballshow »ran« werden strittige Szenen in zigfacher Wiederholung gezeigt. Berichtet jedoch der geblendete Reporter Thomas Herrmann über ein Spiel des FC Bayern, werden selbst eindeutige Fouls und Abseitstore ignoriert – falls diese zu Lasten der Münchner gehen. Herrmann, der in eingeweihten Kreisen nur der »Bayern-Herrmann« heißt, hakte in der letzten Saison einen lächerlichen Elfer zu Gunsten von Santa Cruz im Spiel gegen Freiburg mit einer Zeitlupe ab und kommentierte an-

schließend: »Man kann nichts erkennen, also glauben wir dem Schiri.«
Hätte es sich bei dieser Strafstoßentscheidung um die Konkurrenten aus
Dortmund, Lautern oder Schalke gehandelt, Herrmann hätte die Szene
seziert und sich über die Entscheidung empört.

Die Löwen

Leider müssen wir es so drastisch sagen: Aber es waren die Löwen, die
zum Aufstieg des Lokalrivalen beigetragen haben. Es gab nämlich einen
Jugendspieler beim TSV 1860 München, der in einer Partie gegen den
SC München seinem Gegenspieler eine Watschen (Ohrfeige) verabreich-
te, so dass dieser nicht mehr zu seinem eigentlichen Traumverein aus Giesing wechseln wollte. Dieser Spieler vom SC war Franz Beckenbauer, der
nach dieser Erfahrung lieber für den FC Bayern die Fußballschuhe
schnürte.

Und auch Gerd Müller zog es ursprünglich zu den damals erfolg-
reicheren Löwen. Doch die Vereinsführung des Turn- und Sport-
vereins verhielt sich in ihren Bemühungen, den künftigen »Bomber
der Nation« zu verpflichten, zu behäbig, so dass die Bayern das Talent
in einer Nacht-und-Nebel-Aktion an die Säbener Straße holten.

Ohne diese beiden Anekdoten aus den 60ern würde der Rekordmeister
heute vielleicht TSV 1860 München heißen, seine Fans wären keine Fans
– und dieses Büchlein trüge den Titel »Das große Löwen-Hass-Buch«.
Das kann ja nun wirklich niemand wollen. Da ist es schon besser, dass die
Geschichte ihren Lauf genommen hat.

45

Die schönsten Bayern-Siege für den Bayern-Hasser

Auch als Bayern-Hasser können wir uns über sportliche Erfolge dieses Klubs freuen. Seit langen Jahren ist der Verein das Aushängeschild in seiner Sportart, auch wenn es immer wieder herbe Niederlagen setzt. Das harte Training unter fähigen Trainern hat sich schließlich in der Saison 2000/01 bezahlt gemacht. Nach einem hart umkämpften Spiel hielten die ausgelaugten, aber überglücklichen Bayern-Spieler den langersehnten Pokal endlich in den Händen: Das Seniorenteam, Altersklasse über 40 Jahre, wurde Süddeutscher Meister im Tischtennis. Glückwunsch!

Aufrichtig und von ganzem Herzen gratulieren wir auch den Turnern des FCB, die vor der Wiedervereinigung vier Meisterschaften erringen konnten. Leider hat dies seit 1988 nicht mehr geklappt, obwohl die Mitgliedschaft – laut Homepage – »vorwiegend auf talentierte Sportler beschränkt« ist.

Anerkennung muss auch den Schachspielern und den Basketballern gezollt werden. Beide haben sich zum Wohle des Vereins aus dem internationalen und nationalen Spitzensport zurückgezogen. Die Vereinsführung kam nach einer Analyse nämlich überein, dass gerade im Basketball die Spieler durch Unwägbarkeiten äußerst bedroht sind. Dieses Risiko für Physis und Psyche wollte der Verein nicht eingehen, deshalb spielen die Jungs jetzt in der Regionalliga. In dieser Spielklasse soll es ja auch ganz nett sein.

Besonders rührig geht es bei den Schiedsrichtern des FC Bayern zu, wo die Kameradschaft zwischen Jung und Alt bei gemeinsamen Ausflügen und Festlichkeiten gepflegt wird. Weiter so!

In einem so aktiven und erfolgreichen Verein vergisst man schnell einmal die Hauptabteilung: die Fußballer. Erst vor kurzem konnte die Abteilung ein großes Jubiläum feiern. Vor 30 Jahren wurde sie gegründet. Die drei Dekaden sind mit Erfolgen nur so gepflastert: siebenmal bayerischer Pokalsieger, 19-Mal Bayerischer Meister, fünfmal deutscher Vize-Meister und 1976 sogar Deutscher Meister. Und 2000 ist nach acht Jahren in der Fußball-Provinz der Wiederaufstieg in die Bundesliga gelungen. Wir gratulieren den kickenden Damen des FC Bayern München.

Und die Männer sind auch gar nicht so schlecht. Immerhin stand die Elf 1994/95 im Achtelfinale und 1995/96 sogar im Viertelfinale des DFB-Pokals. 1994 ist das Team in die Regionalliga aufgestiegen. Die größten Erfolge waren jedoch sicherlich die Amateur-Vizemeisterschaften in den Jahren 1983 und 1987. Der FC Bayern ist eben ein Verein voller Triumphe.

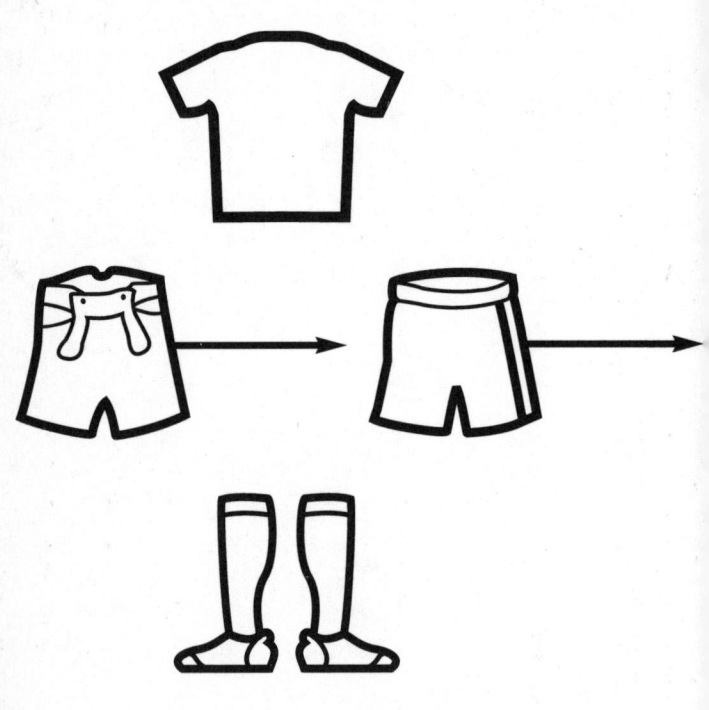

Transferpolitik:
Kaufe Deine Feinde!

Einer der unerfreulichsten Züge des FC Kaufrausch ist die alljährliche Jagd auf (vermeintliche) neue Bayern-Stars. Verliert die zusammenge-würfelte Truppe in einer Saison zu häufig, geht Uli Hoeneß auf die Pirsch. Der Häuptling der Jäger und Sammler wendet bei seinen Raubzügen eine bedauernswert erfolgreiche Technik an: den Hoeneß-Spagat. Die Verren-kung besteht aus öffentlichem Jammern über die Verrohung des Ge-schäfts bei gleichzeitiger heimlicher Entsendung von Geldkoffern und Millionenschecks. Scheinbar spielerisch bringt er es fertig, entwischter Beute Charakterschwäche vorzuwerfen, während er selbst die fiesesten Fallen aufstellt. Die finanzielle Übermacht der Bayern wäre an sich nur är-gerlich. Die Scheinheiligkeit der Bayern macht sie unerträglich.

Der Transferwert des Bayern-Kaders der Saison 2001/02 wird auf rund 209 Millionen Euro geschätzt. Zum Vergleich: Die zweit-teuersten Mannschaften von Borussia Dortmund und Bayer Lever-kusen sind jeweils rund 147 Millionen Euro oder 30 Prozent weniger wert (vgl. Tabelle unten). Der Geldwert der bayerischen Warmlaufkönige entspricht dem von acht kompletten Bundesligamannschaften (St. Pauli, Nürnberg, Cottbus, Rostock, Mönchengladbach, Freiburg, Wolfsburg und 1860 München) plus einem 12-Millionen-Mann.

Geschätzter Transferwert der Bundesliga-Profikader 2001/2002, Quelle: www.transfermarkt.de

Verein	Transferwert in Mio. €	Abstand zum FC Kaufrausch
Bayern München	209	100 %
Borussia Dortmund	147	- 30 %
Bayer Leverkusen	147	- 30 %
Schalke 04	78	- 63 %
Hertha BSC	77	- 63 %

Werder Bremen	61	- 71 %
1. FC Kaiserslautern	58	- 72 %
Hamburger SV	49	- 77 %
1. FC Köln	45	- 78 %
VfB Stuttgart	42	- 80 %
1860 München	38	- 82 %
VfL Wolfsburg	34	- 84 %
SC Freiburg	32	- 85 %
Borussia Mönchengladbach	23	- 89 %
Hansa Rostock	20	- 90 %
Energie Cottbus	19	- 91 %
1. FC Nürnberg	18	- 91 %
St. Pauli	13	- 94 %

Der riesige Abstand zwischen dem bayerischen Kader und dem Rest ist die logische Folge der Münchner Raubzüge durch fremde Bundesligastadien. Der bayerische Will-ich-haben-Reflex wird in der Regel weniger durch internationale Klassespieler ausgelöst, die den eigenen Kader verstärken, als durch alle Profis, die besonders wertvoll für einen Bundesliga-Konkurrenten sind. Vor allem Profis, die erfolgreich gegen die Bayern gespielt haben, die das Herzstück des ärgsten Bayern-Konkurrenten waren oder die als Hoffnungsträger des deutschen Fußballs gelten, schweben in großer Gefahr. Charakterlich passen diese Profis selten nach München. Ihnen steht eine Zeit als Boulevardzeitungsopfer und Ersatzbank-Millionär bevor. Bestenfalls schaffen sie schnell wieder den Absprung, schlimmstenfalls verkümmern sie zu ewigen Talenten, und allerschlimmstenfalls gelingt einem Neueinkauf nach zwei bis drei Spielzeiten Warmlaufen der Durchbruch. Das heißt: Der Spieler hebt ab, mutiert zum Scampi-Esser und checkt zwischen großsprecherischen Interviews die Börsenkurse auf n-tv in der Bayern-Kabine.

Die elf schlimmsten Volltreffer

In jedem Fall verstärken die Münchner durch den Einkauf bei der Bundesligakonkurrenz nicht direkt ihren Kader, treffen aber eine gute Mannschaft und deren Fans mitten ins Herz. Im Folgenden werden elf dieser »Volltreffer« Hoeneßscher Einkaufsbummel vorgestellt.

Volltreffer eins: Matthäus

Sein Wechsel von Borussia Mönchengladbach in den Bayern-Kader ist Legende. Nicht nur wegen Loddas letzter Amtshandlung im Gladbacher Dress (siehe auch »Die ärgerlichsten Siege im DFB-Pokal«), sondern auch, weil der Transfer getrost als Uli Hoeneß' Sündenfall angesehen werden darf. X-fach hat sich seitdem das Schema wiederholt: Ein Talent reift in einem kleinen Verein heran, und die Bayern pflücken es ab, bevor eine Meistermannschaft erblühen kann.

Die Mönchengladbacher kämpften 1984 tapfer um Matthäus. Mit ihm wollte der damalige Borussen-Trainer Jupp Heynckes die glorreichen 70er Jahre der Fohlen-Elf wieder aufleben lassen. Heynckes sagte nach dem verlorenen Tauziehen: »Das ist ein herber Rückschlag. Schließlich wollte ich um Lothar Matthäus eine neue, große Mannschaft aufbauen.« Die Bayern erstickten das Aufbegehren des alten Widersachers im Keim und kauften Matthäus für die Saison 1984/85 zum damaligen Rekordpreis von 2,13 Millionen Mark. Vorausgegangen war ein unwürdiges Gefeilsche, das als »Transferkrieg« in die Bundesligageschichte einging.

Auslöser war eine ehrenhafte Vereinbarung zwischen den Bundesligisten, wonach jeder Klub zwei Spieler bestimmen durfte, die fortan als unverkäuflich galten. Diese sogenannte »schwarze Liste« sollte arme Vereine vor der Ausplünderung durch reiche schützen und für Ausgeglichenheit innerhalb der Liga sorgen. Das Gentleman's-Agreement platzte, weil Hoeneß, der heute gern über »unsauberes Verhalten« lamentiert, Lodda um jeden Preis haben wollte.

Da nützte es nichts, dass Mönchengladbachs Manager Helmut Grashoff Matthäus auf die Liste gesetzt hatte. Beim damaligen Gehaltsangebot für den Mittelfeldmann (500.000 Mark im Jahr, plus ca. 100.000 Mark Prämien und 200.000 Mark aus Werbeverträgen) konnten die Rheinländer mit den Bayern nicht mithalten. Die Münchner schwammen im Geld, seitdem ihnen durch die Olympiade 1972 ein riesiges Stadion in den Schoß gefallen war. Als Heynckes versuchte, das Gehalt seines Lieblingsschülers sogar aus eigener Tasche auf Bayern-Niveau zu verbessern, war es schon zu spät: Lodda hatte bereits einen Vorvertrag unterzeichnet, aus dem er nur gegen Bezahlung von 150.000 Mark wieder hätte aussteigen dürfen. Hoeneß hatte gewonnen, doch das machte nichts. Er beschwerte sich trotzdem. Denn die Ablösesumme wurde damals nach einer verbindlichen Formel berechnet, in der das letzte Gehaltsangebot des alten Vereins eine Rolle spielte. Durch das von Heynckes verbesserte Angebot hätte die Ablösesumme für Matthäus 2,35 Millionen Mark betragen. Hoeneß wollte nur zwei Millionen zahlen. Er fand es allen Ernstes »unmoralisch«, dass die Gladbacher ihren Ausverkauf durch ein verbessertes Angebot zu stoppen versucht hatten. Als sich Hoeneß und Grashoff auf eine Ablösesumme einigten und damit den Transferkrieg beendeten, spielte Lodda bereits für die Bayern und hatte mit seinem Elfmeter-Fehlschuss das Gezerre längst überschattet.

Eine weitere Gemeinheit gehört seit dem Matthäus-Transfer zum Standard der bayerischen Raubzüge: Die Wechselentscheidung wird mit einer an Sadismus grenzenden Genauigkeit immer dann verkündet, wenn es den alten Verein gerade am meisten schmerzt. Dies gehört — wie auch im jüngsten Fall des Ex-Leverkuseners Zé Roberto — zur psychologischen Kriegführung der Bayern.

Besonders grausam wurde der Wechsel des Paradebayern Matthäus bekannt gemacht. Gerade hatten die Gladbacher Fans ein berauschendes Fußballspiel auf dem Bökelberg erlebt. Mit 3:0 schickten sie die bis dato in der Tabelle führenden Bayern am 24. März 1984 nach Hause. Die

Treffer hatten der legendäre Bayern-Gegner Frank Mill (zweimal) und Edeljoker Hans-Jörg Criens zwischen der 79. und 88. Minute geschossen. Der deutliche Sieg bestärkte die Gladbach-Fans in der Überzeugung, dass man es wieder mit den Bayern aufnehmen könnte. Aber am selben Tag verkündete Matthäus seinen Abgang live im Fernsehen. Ein Ü-Wagen des Aktuellen Sportstudios war extra zum Edelrestaurant Molzmühle nahe Mönchengladbach gefahren. Es war schließlich nicht nur der Tag des Sieges gegen die Bayern, sondern auch noch Loddas Geburtstag: herzlichen Glückwunsch.

Das Timing hätte schlechter nicht sein können. In den noch ausstehenden neun Spieltagen verpasste Gladbach den Titel knapp und wurde punktgleich mit dem Meister aus Stuttgart und dem HSV Dritter.

In das Meisterschaftsrennen konnte Mönchengladbach seit dem Matthäus-Wechsel nie mehr ernsthaft eingreifen. Wirklich kaputt gekauft waren die Borussen, nachdem Trainer Heynckes seinem Lieblingsschüler drei Jahre später an die Isar folgte.

53

Volltreffer zwei bis sieben: Sternkopf, Kreuzer, Scholl, Kahn, Fink, Tarnat

Mit am härtesten traf die bayerische Transferpolitik den Karlsruher SC. Das Abwerben von sechs KSC-Stammspielern innerhalb von sieben Jahren ist kaum noch als Volltreffer, eher als Maschinengewehr-Salve oder Amoklauf der Bayern zu werten. Am Ende der Einkaufstour von 1990 bis 1997 konnte der damalige KSC-Trainer Winfried Schäfer mit Fug und Recht behaupten: »Der FC Bayern heißt längst FC Baden. Der KSC wird deutscher Meister – allerdings im Trikot der Bayern.« Heute spielt Karlsruhe in der 2. Liga.

Das stetige Anzapfen der badischen Talentschmiede war für die Bayern in jeder Hinsicht ein Erfolg. Mehmet Scholl, Oliver Kahn, Thorsten Fink und Michael Tarnat haben sich als gute Bayern-Spieler erwiesen und laufen immer noch für den FC Kaufrausch auf. Oliver Kreuzer dagegen kickt mittlerweile für den FC Basel. Er ist der nationalen Konkurrenz ebenso verloren gegangen wie Michael Sternkopf. Das ehemalige Supertalent pendelte lange Zeit zwischen Liga zwei und eins und ist derzeit beim Aufsteiger Arminia Bielefeld unter Vertrag.

Das Ausbluten des KSC begann 1990, als sich Sternkopf ins bayerische Haifischbecken stürzte. Der damals 20jährige hatte eine hervorragende Saison für den KSC gespielt, aber insgesamt gerade mal 33 Bundesligaeinsätze überstanden. Hoeneß überzeugte das KSC-Management mit rund 3,3 Millionen Mark und Frau Sternkopf mit einem Blumenstrauß, dass ihr Sohn in München gut aufgehoben sei. Hoeneß versprach, Sternkopf zum »Agassi der Bundesliga« zu machen. In seiner ersten Bayern-Saison schmorte Sternkopf fast durchweg auf der Bank. Als Warmläufer erlebte der geborene Spielmacher die Münchner Vizemeisterschaft: Er kam zu acht Kurz- und einem 90-Minuten-Einsatz. »Wir wollen Sternkopf wiederhaben«, forderten die KSC-Fans und sahen frustriert, wie ihr ehemaliger Liebling seine Spielfreude plattsitzen musste.

54

Zehn Jahre später fasste Schäfer den fatalen Wechsel zu den Bayern zusammen: »Sterni war eines der größten Rechtsaußen-Talente Deutschlands. Er lag so auf einer Linie mit Beckham: unbekümmert, trickreich, schnell, präzise bei Flanken. Der Schritt zu den Bayern erfolgte zu früh, war aber für den KSC wegen der Ablösesumme lebensnotwendig. In Karlsruhe hätte er ständig gespielt, auch nach einer schlechten Leistung. Das hätte ihn vorangebracht. So ist in München zu viel auf ihn eingestürmt. Das hat er nicht verkraftet.«

Nach der Warmlauf-Saison brach der Sturm 1991/92 los. Für diese Spielzeit hatten die Bayern auch noch Abwehrspieler Kreuzer für 4,7 Millionen Mark aus Karlsruhe weggekauft. Der damals 26jährige durfte sofort und in jedem Spiel auflaufen. Doch das war eher eine Bestrafung in dieser wunderbaren Spielzeit, die für Bayern auf Platz zehn endete. Den Bayern-Bossen gefiel dieses Abschneiden weniger, und so erlebten die Neueinkäufe, was man in München unter Talentförderung versteht. Sternkopf, der in seiner zweiten Saison immerhin 13-mal durchspielen durfte, musste sich die öffentliche Hoeneß-Attacke gefallen lassen, er verbringe »mehr Zeit unterm Föhn als auf dem Trainingsplatz«. Bayern-Präsident Fritz Scherer gelangte plötzlich zur verräterischen Einsicht, dass man mit jungen Spielern in Bayern wenig anfangen könne: »Erfahrung«, sagte er, »ist durch nichts zu ersetzen.« Und der Kaiser maulte über das Durchschnittsalter der Abwehr, das er auf 14,5 Jahre schätzte: »Wir wollen doch nicht Jugendmeister werden.«

Außer den schwachen Auftritten in der Bundesliga schoben die Bayern-Bosse auch das Aus in der zweiten Runde des Uefa-Pokals den Youngsters in die Schuhe. »Bei uns waren Spieler dabei, die an Schülereinsätze erinnerten«, polterte der Kaiser nach dem blamablen Ausscheiden gegen BK 1903 Kopenhagen (2:6), »vom Renommierclub ist nur noch der Name übrig geblieben.« Um das zu ändern, versprach Firlefranz für die nächste Spielzeit eine neue Einkaufspolitik: »Im kommenden Jahr wird die Mannschaft ein anderes Gesicht haben.«

Denkste. Das andere Gesicht hieß Mehmet Scholl, war wieder jung und kam wieder vom KSC, wo er seit dem 14. Lebensjahr gekickt hatte. Karlsruhes damaliger Manager Carl-Heinz Rühl hatte nach dem Abgang von Sternkopf und Kreuzer noch gehofft: »Unser Trost ist, daß wir junge Talente wie Scholl, der schon heute einen ungeheuren Tordrang hat, in der Rückhand haben.« Zur Saison 1992/93 schnappte Hoeneß für 5,9 Millionen Mark »Scholli« Eintracht Frankfurt weg, das den Wechsel fast schon perfekt gemacht hatte. »So läuft's Business«, würde Kaiser Franz heute sagen. Aber wie hätte Hoeneß als Frankfurt-Manager gezetert! Der damals 22jährige Scholl war von Anfang an Stammspieler und ist mit klassischen Bekenntnissen (zum Beispiel: »Als ich weniger Geld hatte, war ich glücklicher«) mittlerweile zum echten Bayern-Star geworden.

In der Saison 1993/94 trugen die Münchner Raubzüge schließlich Früchte. Der FC Kaufrausch wurde Meister vor Kaiserslautern, woran Kreuzer (31 Einsätze) und Scholl (27 Einsätze, 11 Tore) maßgeblich beteiligt waren. Sternkopf stand dagegen nur magere 12-mal in der Anfangsformation.

Obwohl seine besten Spieler bereits für Bayern auftraten, verlief die Saison auch für den KSC erfolgreich. Die Winni-Schäfer-Truppe war einfach nicht kaputt zu kaufen. Bei seiner ersten Uefa-Cup-Teilnahme warf der KSC reihenweise Renommierklubs aus dem Wettbewerb: PSV Eindhoven, FC Valencia, Girondins Bordeaux und Boavista Porto. Das Finale gegen Inter Mailand vor Augen, scheiterten die Badener schließlich an ihrer Favoritenrolle gegen Casino Salzburg – und an Oliver Kahn. Im Halbfinal-Rückspiel im Wildparkstadion (Hinspiel: 0:0) kassierte Weltklasse-Olli ein haltbares Tor zum 0:1. Der 1:1-Endstand stoppte Karlsruhes Höhenflug, nicht aber Kahns. Der hatte bereits in der Winterpause seinen Wechsel für 4,9 Millionen Mark nach Bayern perfekt gemacht und unter anderem damit begründet, er wolle internationale Erfolge feiern.

Bis 1997 ließen die Bayern den KSC in Ruhe, dann schlugen sie wieder zu. Im DFB-Pokal-Viertelfinale hatten die Badener aufgemuckt und die Bayern mit 1:0 aus dem Wettbewerb geworfen. Die auffälligsten Spieler beim KSC waren Michael Tarnat und Thorsten Fink. Letzterer schoss auch das entscheidende Tor. Damit das nie wieder passieren würde, kauften die Bayern Fink (5,45 Millionen Mark Ablöse) und Tarnat (4,8 Millionen) kurzerhand für die Spielzeit 1997/98 ein. Der KSC erholte sich nicht mehr. Schäfers Vision vom »KSC 2000« mit dem Fernziel Deutscher Meister endete in der Saison 1997/98 mit dem Abstieg in Liga zwei.

Volltreffer acht: Rehhagel

Für die Saison 1995/96 kauften die Bayern einen Trainer, den sie nicht mochten, nicht brauchten und nicht lange behielten. Ihren Konkurrenten Werder Bremen aber stürzte Otto Rehhagels Abgang in eine lang anhaltende Krise.

Rehhagel passte so gut zum FCB wie Lodda nach New York. 14 Jahre lang hatte »König Otto« den ärgsten Bayern-Widersacher aufgebaut. Mit Bremen wurde er zweimal Deutscher Meister (1988 und 1993), viermal

Vize-Meister (1983, 1985, 1986 und 1995), fünfmal DFB-Pokal-Finalist und zweimal Pokalsieger (1991 und 1994) sowie Europapokalsieger (1992). Seine unnachahmliche Leistung bestand darin, Talente zu entdecken und zu fördern (Rudi Völler, Karl-Heinz Riedle, Mario Basler) und zusammen mit »alten Hasen« wie Manfred Burgsmüller, Klaus Allofs und Mirko Votava in eine Siegermannschaft zu verwandeln.

Der Wechsel zum Erzrivalen nach München schockte Bremen und brachte Rehhagel letztlich nichts als Ärger. Er hätte es besser wissen sollen. Der mit Rehhagel befreundete Rhetorik-Professor Walter Jens hatte dem Meistertrainer noch 1992 den Rat gegeben, nicht zum FC Hollywood zu wechseln: »Ich beschwöre Sie, es nicht zu tun. In der Welt der Schickeria und des großen Geldes, ob Sie sich da wohl fühlen?«

Rund drei Jahre später widerstand Rehhagel nicht mehr. »Früher war ich Idealist«, begründete er seinen Entschluss, »heute bin ich Realist und weiß, der beste Fußball wird auf Dauer da gespielt, wo das meiste Geld ist.« Rehhagel hielt diesen Irrglauben für Realismus und tauschte Liebe, Ruhe und Vertrauen gegen Geld, Lärm und Missgunst. Guter Fußball gedeiht unter diesen Bedingungen nicht.

Wie üblich war allein schon der Zeitpunkt des Bayern-Einkaufs eine Ohrfeige für die Bremer Fans. Werder stand in der letzten Saison unter Rehhagel kurz vor Schluss auf Platz eins der Tabelle und hoffte auf den Meistertitel. Nach dem letzten Heimspiel der Saison genoss Rehhagel noch einmal die Bremer Nestwärme. Die Fans feierten ihn, und gestandene Profis vergossen Tränen. Uli Borowka sagte an diesem Tag: »Es ist mir völlig egal, wer Meister wird. Wenn's denn die Dortmunder werden, dann herzlichen Glückwunsch. Wir haben heute unseren Trainer verloren, den besten, den man sich vorstellen kann.«

Eine Woche später kam es am letzten Spieltag zum pikanten Fernduell zwischen Dortmund, das zu Hause gegen den HSV antrat, und Bremen, das im Münchner Olympiastadion gegen die Bayern ran musste. Rehhagel konnte sich also gegen seine künftige Mannschaft den Titel sichern. Die Bayern-Elf stand schon vor dem Saisonfinale als graue Maus der Liga und Tabellensechster fest. Sie hatte über die gesamte Saison durch fahrige Fußball-Auftritte und amüsante Boulevardpossen geglänzt, doch jetzt zeigte sie zum ersten Mal Charakter. Die Mannschaft freute sich diebisch über einen 3:1-Sieg, der ihrem neuen Coach den Meistertitel vermasselte und Borussia Dortmund den Titel bescherte.

Keine 300 Tage nach Rehhagels Einstellung folgte der Rauswurf. Bayern und »König Otto« passten so gut zueinander wie die Gummistiefel, die der Trainer bei schlechtem Wetter trug, zu seinem Trainingsanzug, den er auch in Bayern nicht gegen Manager-Zwirn eintauschte. Christian Ziege gab beispielsweise zu: »Er ist charakterlich zu gut für seinen Job.« Anders ausgedrückt: Die Bayern-Elf ist charakterlich zumindest schlechter als all die anderen Mannschaften, mit denen Rehhagel große Erfolge feierte.

Aufschlussreich ist auch, was Andreas Herzog bei seinem einjährigen Gastspiel bei den Bayern erlebte. Der Österreicher, der im gleichen Jahr wie Rehhagel nach München wechselte und Bremen damit zusätzlich schwächte, erinnerte sich nach seiner Rückkehr zu Werder: »Man musste schon morgens mit angewinkelten Ellbogen aufstehen. Und wer mitreden wollte, musste irgendjemandem hinten rein kriechen.« Der Trainer kroch nicht, feindete sich mit der Boulevardpresse an und fand keinen Zugang zu den bayerischen Diven, die wahlweise im Präsidium oder in den Zeitungen gegen ihn stichelten.

Mitleid wäre hier eigentlich unangebracht, denn was die Bayern für ein Verein sind, hätte »König Otto« auch von Bremen aus erkennen müssen. Trotzdem ist der Rehhagel-Rausschmiss vielleicht der zweitunwürdigste des Profifußballs überhaupt (Platz eins: Toni Schumachers Entlassung in der Halbzeitpause 1999 beim Zweitligisten Fortuna Köln), da er nichts mit sportlichem Versagen, sondern ausschließlich mit dem Theater, den Intrigen und dem Presserummel beim FC Hollywood zu tun hatte.

Am Tag von Rehhagels Entlassung, dem 27. April 1996, lagen die Bayern nach dreißig Spieltagen aussichtsreich auf Platz zwei mit drei Punkten Rückstand auf Tabellenführer Borussia Dortmund. In den letzten vier Spielen unter der Leitung des Kaisers vergrößerte sich der Abstand auf sechs

Punkte. Im Bundesliga-Restprogramm nach der Entlassung fuhren die Bayern einen mageren Sieg ein, kassierten Niederlagen gegen Bremen und Schalke und spielten gegen Fortuna Düsseldorf unentschieden. Besser hätte auch Rehhagel die Meisterschaft nicht versauen können.

Was den Trainer noch härter traf, war der Raub seines zweiten Europapokal-Triumphes. Vier Tage nach Rehhagels Entlassung stand das erste Finalspiel der Bayern im Uefa-Cup an. Der Kaiser und seine verzogene Truppe feierten zwei Siege gegen Girondins Bordeaux, die als glanzvoll gelten sollen. Wirklich glanzvoll war dagegen Rehhagels Trainer-Comeback in Kaiserslautern, als er die Pfälzer von Liga zwei direkt zur deutschen Meisterschaft 1998 führte.

Volltreffer neun: Sebastian Deisler

Sebastian Deisler ist einer der bedauernswerten Spieler, für den die Bayern jeden Preis zahlen. 18 Millionen Mark Ablöse kostete der Mittelfeldmann. Sein erster Profi-Trainer bei Borussia Mönchengladbach, Friedel Rausch, bezeichnete ihn als »Jahrhunderttalent, das irgendwann in einem Atemzug mit Walter, Seeler und Beckenbauer genannt wird«. Von den drei spielte zwar nur einer beim FC Bayern. Doch das war eine andere Zeit, als die bayerische Millionen-Macht die Fußball-Herrschaft noch teilen musste. Heute darf es für einen 22jährigen nationalen Hoffnungsträger nur Bayern geben. Dass Basti auch bald in einem Atemzug mit Sterni genannt werden könnte, will niemand wissen. Ein Spieler, der einen so außerordentlich guten Ruf genießt wie Deisler, muss bei der bayerischen Talentvernichtungsanstalt anheuern. Alles andere wäre glatte Bayern-Beleidigung, wenn nicht Hochverrat.

Dass Hertha BSC Berlin vor dem Transfer zur Saison 2002/03 im Begriff war, eine Meistermannschaft um das Dreieck aus Alex Alves, Marcelinho und Deisler zu formen, spielt keine Rolle. In München soll der begabte, aber vom Verletzungspech gebeutelte Jung-Star die »Ära Effenberg« fortsetzen – Gott bewahre. Wir wissen, wie charakterbildend das rote Tri-

kot auf Profis wirken kann. Doch die Vorstellung, dass aus »Basti fantasti«
ein tigerähnlicher Großkotz wird, lehnen wir ab, solange noch Hoffnung in
dieser Welt ist.

Der unsaubere Transfer von Bruder Dieter zu Bruder Uli lässt allerdings
das Schlimmste erahnen. Uli hatte mal wieder tief in die Trickkiste gegriffen, Vorschriften umschifft, das Finanzamt beschäftigt und natürlich alles in
Ordnung gefunden. Der seriöseste Verein der Welt verschickte im Juli
2001 heimlich einen 20-Millionen-Mark-Scheck an einen blutjungen
Spieler in Diensten eines direkten Liga-Konkurrenten. Nachdem Mutter
Gabriele Deisler den Scheck für ihren Sohnemann eingelöst hatte, flog die
verbotene Transaktion auf, weil ein Mitarbeiter der Deutschen Bank 24 in
Konstanz petzte. Danke! Nur dadurch platzte die Lüge, dass der Wechsel
noch nicht perfekt sei. Ansonsten hätten Hoeneß und Deisler die Fans
noch ein halbes Jahr zum Narren gehalten.

Eigentlich dürfen Profis erst sechs Monate vor Beendigung eines
laufenden Vertrages einen neuen schließen (Paragraph 4, Nr. 1,
Absatz 2 der Lizenzordnung Spieler). Die 20-Millionen-Mark-Zahlung wurde deshalb vom Kontrollausschuss des DFB untersucht,
bestraft wurden aber weder Deisler noch der FC Bayern. Hoeneß argumentierte, dass es sich bei den 20 Millionen Mark um ein Darlehen gehandelt habe, ein Vertrag sei noch nicht zustande gekommen. Deisler zahlte das Geld wieder zurück, was an dem Wechsel nichts änderte.

Uneinsichtig zeigte sich auch Deisler, der nach eigenen Worten »die härtesten, aufregendsten Wochen in meinem Leben« durchmachte, nachdem
die 20-Millionen-Mark-Zahlung öffentlich wurde. »Ich habe nüchtern betrachtet nichts Falsches getan«, sagte der Neu-Bayer, »sondern nur den
nächsten für mich notwendigen Schritt für meine Fußballer-Karriere beschlossen und eingeleitet.« Nüchtern betrachtet ist es ein erster Hinweis
auf den bayern-typischen Realitätsverlust, wenn Deisler mit 20 Millionen
Mark auf dem Schülerkonto von den Härten des Lebens spricht. Die Fans
seiner bisherigen Vereine Hertha und Mönchengladbach pfiffen ihn folgerichtig gnadenlos aus. Deislers Antwortet auf das Pfeifkonzert war tiger-

ähnlich: »Mich macht das nur stärker.« Na ja — die ersten sechs Monate seiner ersten Bayern-Saison wird der verletzte Deisler erst einmal weiter Kräfte sammeln können ...

Volltreffer zehn: Ballack

Anders als im Fall Deisler, der hoffentlich bald wieder den Absprung schafft, sind wir uns bei Michael Ballack sicher: Er wird ab der Saison 2002/03 ein echter Bayern-Star. Der stets gut gegelte und gebräunte Fan von schicken In-Diskotheken versprüht die nötige Dosis Überheblichkeit, um sofort in die Fußstapfen von Effenberg zu treten. Für seinen Transfer vom Vize-Meister, Vize-Pokalsieger und Vize-Europapokalsieger 2002, Bayer Leverkusen, führte der 25jährige (ab 26. Sept. 2002 26jährig) »in erster Linie sportliche Gründe« an — absurd. In Leverkusen wäre er zum Held geworden, hätte eine erfolgreiche Ära mit seinem Namen verbinden können und unsterblichen sportlichen Ruhm erlangt. In München dagegen sind Erfolge Massenware, und er ist nur ein weiteres Rädchen, das in der Meistermaschine rotiert.

In Leverkusen hatte Ballack einen Vertrag bis 2005, aus dem er aber für die festgeschriebene Ablösesumme von vermutlich 15 Millionen Euro aussteigen durfte. Der Vertrag mit den Bayern bringt dem Mittelfeldspieler jährlich geschätzte 4,3 Millionen Euro zuzüglich Prämien und Werbeeinnahmen ein und läuft bis 2006. Außerdem wird über ein Handgeld von 15 Millionen Euro spekuliert, so dass Ballack die Bayern für vier Jahre rund 50 Millionen Euro kosten soll.

Bei diesen Summen steckten selbst Real Madrid, der FC Barcelona und Arsenal London zurück, die ebenfalls an Ballack interessiert waren. Für die Bayern machen die enormen Kosten Sinn, weil sie den Schlüsselspieler der besten Bundesligamannschaft 2002 entfernen und ihrem Kader einverleiben. Im Grunde ist Ballack für Bayern doppelt so wertvoll wie für einen internationalen Spitzenklub.

In Anspielung auf das Buhlen ausländischer Klubs würzte Ballack seine

Begründung für den Ausstieg bei Bayer mit den Worten, dies sei »eine Entscheidung für Deutschland«. Als liege Leverkusen in einem fernen Land oder als ob die Bundesliga es nicht vertrage, wenn ein hervorragender Spieler woanders gegen den Ball tritt als beim Zum-Halse-Raushängeschild des deutschen Fußballs.

Dass Ballack die passende Einstellung für einen Bayern-Star mitbringt, bewies er kurz nach Bekanntgabe seines Wechsels in der Weihnachtszeit 2001. Als noch die Rückrunde mit Leverkusen vor ihm lag, schmeichelte er den Bayern schon einmal vorsorglich: »München ist in allen Belangen der Topklub in Europa«, sagte er. Diese Unterwürfigkeit hört man in München gerne. Sie verbessert auch die Chancen im Kampf um einen Stammplatz, der in dieser Saison lustig wird. Im Mittelfeld darf sich mindestens eine komplette Elf abwechseln. Der 50-Millionen-Euro-Mann hat dabei einen Vorteil: Schon einmal schoss Ballack die Bayern zur Meisterschaft (siehe auch »Die ärgerlichsten Meistertitel«).

Volltreffer elf: Zé Roberto

Neidisch blickten die Bayern in der Saison 2001/02 auf Bayer Leverkusen, das dem FC Langeweile mit zauberhaftem Fußball in der Bundesliga und in der Champions League die Show stahl. Großen Anteil an dem Leverkusener Höhenflug hatte der Brasilianer Zé Roberto, der mit eleganten Vorstößen über links jede Abwehr knackte.

Auch wenn die Bayern ihr Team für die Saison 2002/03 schon lange zusammengekauft hatten, fiel ihnen in letzter Sekunde ein, auch noch dieses Juwel aus der Konkurrenzmannschaft zu lösen. Die Bayerelf ist ohne ihre Mittelfeldstars Ballack und Zé Roberto vorerst erledigt.

Das bayerische Werben um den Brasilianer begann mitten im Endspurt der Bundesliga und vor den Finals der Leverkusener im DFB-Pokal und in der Champions League. Die von den Bayern betriebene Auflösung einer Traummannschaft bedrückte nicht nur Trainer Klaus Toppmöller, auch die Spieler vergeigten ihre Finalauftritte. Die psychologische Kriegführung der

Bayern funktionierte perfekt. Denn wer glaubt ernsthaft, dass der FC Bayern einem anderen deutschen Verein den Champions-League-Triumph gegönnt hätte? Man will auch weiterhin das alleinige Aushängeschild spielen.

Gleich nach der Leverkusener Finalniederlage gegen Real Madrid flogen der Neu-Bayer Ballack und Zé Roberto gemeinsam von Glasgow zu Verhandlungen nach München. Der 27jährige Brasilianer widerstand nicht und bleibt bis 2005 beim FC Kaufrausch. Die Ablösesumme für Zé Roberto soll rund 11,5 Millionen Euro betragen – wieder einmal der teuerste und einer der rücksichtslosesten Transfers der bayerischen Vereinsgeschichte.

Die elf schönsten Flops

Hoeneß nennt seine Volltreffer-Methode des Leerkaufens der anderen Bundesliga-Vereine beschönigend »in dubio pro Deutsche«. Die Ausflüge des Bayern-Managers auf den internationalen Transfermarkt waren bislang dagegen sehr lustig. Noch nie hat ein internationaler Star beim Weltverein angeheuert. Im Ausland verpflichten die Bayern am liebsten Nullen mit großen Namen, die nach wenigen Jahren wieder gehen. Aber auch in Deutschland wächst die Zahl der Spieler, die das rote Trikot nicht überstreifen wollen.

Flop eins: Kehl

Kann es ein schöneres Kompliment für einen Fußballprofi geben, als von Hoeneß ein charakterschwacher Lügner genannt zu werden? Sebastian Kehl wurde diese Ehre zuteil, weil er in der Winterpause 2001/02 vom SC Freiburg nicht zu den Bayern, sondern zu Borussia Dortmund wechselte. In letzter Sekunde entwischte der 22jährige den Bayern-Fängern, woraufhin Hoeneß die beleidigte Weißwurst spielte.

Die wechselhafte Wechselgeschichte Kehls begann wie üblich damit, dass die Bayern den talentierten Jungnationalspieler am schnellsten ins Visier nahmen und schon im April 2001 das Scheckbuch zückten. Kehls Vater nahm eine 1,5-Millionen-Mark-Zahlung entgegen, und die Bayern fühlten sich sicher, dass der begabte Linksfuß an die Isar wechseln würde. Kehl überlegte es sich anders, zahlte das »Darlehen« im November an die Bayern zurück und wechselte für vermutlich 3,1 Millionen Mark Ablöse zum BVB, wo er im Januar 2002 einen Vierjahresvertrag unterschrieb.

Kurz davor hatte sich abgezeichnet, dass Hoeneß den Zweikampf verlieren würde, und der Manager begann gegen Kehl und die Borussia nachzutreten. »Sie schütten ihn mit Geld zu«, wetterte der Geldzuschütter, »mit Geld kann man offenbar labile Charaktere überzeugen.« Wir erinnern uns: Rund zwei Monate zuvor hatte Hoeneß eine 20-Millionen-Mark-Zahlung an Deisler verteidigt.

Sportlich machte Kehls Wechsel zum BVB Sinn. Er war dort von Beginn an Stammspieler, gab Kommandos und avancierte zum Chef auf dem Platz der Meistermannschaft 2002. In München wäre der Jungspund nach einer schlechten Leistung in die Mittelfeldmannschaft auf der Ersatzbank rotiert.

Flop zwei: Pélé

Der unerklärlich gute Ruf des FC Bayern im Ausland ist nicht immer von Übel. Dem TSV 1860 München – so die Legende – bescherte er für zwei Spielzeiten einen Weltklassespieler, der eigentlich an die Säbener Straße wechseln wollte, dann aber bei den Löwen an der Grünwalder Straße landete. Abédi Pélé, Dritter bei der Wahl zu Afrikas Fußballer des Jahrhunderts (hinter Roger Milla und dem Sieger George Weah), spielte von 1996 bis 1998 in Hellblau und wurde nicht nur zum Publikumsliebling der Löwen-Fans, sondern verzauberte die ganze Bundesliga mit seiner intelligenten und eleganten Spielweise.

Der weltgewandte Mittelfeldregisseur brach »wie ein Naturereignis über den Klub aus dem Arbeiterviertel München-Giesing herein«, beschrieb damals das Fachblatt Hattrick den glücklichen Wechsel vom AC Turin zu den Löwen. Aus München hatte der Mann aus Ghana zuvor nur Beckenbauer gekannt, als sich ihre Wege bei Olympique Marseille kreuzten. Während des Kaisers französischem Intermezzo (1990 bis 91) hatte Beckenbauer Pélé von München vorgeschwärmt. Als Jahre später ein Mann aus der bayerischen Hauptstadt bei Pélé anrief, dachte er an Beckenbauers lobende Worte: »Ich dachte an den FC Bayern, diesen Traditionsklub, der schon so viel Fußballgeschichte geschrieben hat«, soll Pélé später seinen Freunden erzählt haben.

Zu diesem Zeitpunkt war der viersprachige Ballvirtuose bereits 32 Jahre alt, hatte mit Spielern wie Manuel Amoros, Chris Waddle, Patrick Olmeta, Dragan Stojkovic und Jean Tigana unter anderem vier französische Meisterschaften, einen Europapokal und dreimal die Auszeichnung »Afrikas Fußballer des Jahres« gewonnen. Also entschloss sich der »Maradona von Ghana« nach München zu wechseln, zu einem Traditionsverein, der schon so viel Fußballgeschichte geschrieben hat: zu 1860. In insgesamt 50 Bundesligaeinsätzen begeisterte er das Publikum und fühlte sich pudelwohl bei den Löwen. Nur einer konnte es nicht glauben. Beckenbauer sagte: »Irgendwie tat er mir schon leid. Er hatte wirklich geglaubt, er würde bei uns Fußball spielen.« Mitleid? Wir meinen: Glück gehabt.

```
     Flops drei bis elf:
   Hughes, McInally, Mihajlovic,
    Mazinho, Wouters, Valencia,
   Papin, Kostadinov, Rizzitelli
```

Immer wieder blitzt der FC Bayern bei wirklich großen internationalen Stars ab. 1993 waren sie nah dran an Ruud Gullit. »Mit ihm hätten wir Charisma gekauft«, trauerte Hoeneß. Doch Ausstrahlung und Sympathien lassen sich nicht kaufen. Der Holländer war klug genug, den Münchnern im letzten Moment abzusagen und seinen guten Ruf zu behalten. Stattdessen kauft Hoeneß international immer wieder Flaschen mit großem Namen, die nach einigen Spielzeiten Spitzenverdienst wieder gehen.

1987/88 traf es den Waliser Marc Hughes, der mit großem Brimborium vom FC Barcelona eingekauft wurde. Zu seinem ersten Einsatz ließ Hoeneß den Nationalstürmer zu einem DFB-Pokal-Zweitrundenspiel gegen Mönchengladbach einfliegen. Wenige Stunden zuvor hatte Hughes noch für Wales in der EM-Qualifikation gespielt. Natürlich setzte der müde Mann keine Akzente mehr bei seinem Debüt, obwohl Bayern leider trotzdem mit 3:2 gewann. Nach nur 18 Bundesligaeinsätzen und sechs Toren verschwand der als Wunderstürmer Angepriesene wieder in Richtung Manchester United.

1989/90 versuchten die Bayern mit dem Kauf des Schotten Alan McInally und des Kroaten Radmilo Mihajlovic ihre Angriffsflaute wegzupusten. McInally wurde von Trainer Heynckes als »geradlinig, unkompliziert, körperlich robust« bezeichnet. Das sagt eigentlich alles. Der Brechertyp wechselte für 3,3 Millionen Mark Ablöse von Aston Villa nach München, erzielte im ersten Spiel zwei Tore, wurde gefeiert und verschwand auf der Ersatzbank. In drei Spielzeiten brachte es McInally zu 40 Bundesliga-Einsätzen und zehn Toren. Mihajlovic – für 1,9 Millionen Mark aus Zagreb gekommen – erzielte in 34 Spielen nur vier Bayern-Treffer und hielt es nur zwei Jahre bei Bayern aus. Er wechselte nach Schalke, wo er in zwei Jahren immerhin neunmal traf.

1990/91 kauften die Bayern Mazinho – wahrscheinlich, weil der Name gut klang. In 49 Bundesligaspielen, verteilt auf vier Spielzeiten, traf der Brasilianer elfmal. Danach hatte er seinen Marktwert auf eine Million Mark gedrückt und verabschiedete sich zurück in die Heimat.

Zur Rückrunde 1991/92 kam der Treter Jan Wouters von Ajax Amsterdam nach München. In 66 Bundesligaspielen prägte er das hässliche Gesicht der Bayern. Der holländische Antipathieträger und Oliver Kreuzer bildeten das unfairste Verteidigerduo der Bundesliga. Auf dem Höhepunkt ihres Schaffens kassierten die beiden Holzhauer in der Saison 1992/93 16 gelbe und eine gelb-rote Karte. Ohne den Bayern-Bonus hätte Wouters wahrscheinlich kein Spiel zu Ende gespielt. 1994 ging Wouters zum

PSV Eindhoven.

1993/94 versuchten sich die Bayern mit Adolfo Valencia über den geplatzen Gullit-Transfer und den Wechsel von Karlheinz Riedle aus Italien nach Dortmund zu trösten. Der Brechertyp kam für 5,3 Millionen Mark von Independiente Santa Fé und ging ein Jahr später für drei Millionen zu Atletico Madrid: ein Flop, obwohl er in 26 Bundesligaeinsätzen elf Treffer landete. Das lag vor allem daran, dass sich der »El tren« (der Zug) genannte Stürmer bei den Bayern nicht wohl fühlte. Wer will es ihm verdenken.

1994/95 dachten die Bayern, sie hätten endlich einen Superstar verpflichtet, als Jean-Pierre Papin vom AC Mailand an die Isar wechselte. Tatsächlich entpuppte sich Europas Fußballer des Jahres 1991 als bislang schönster Flop der Bayern. In zwei Spielzeiten kam JPP auf nur 27 Bundesligaspiele und schoss magere drei Tore. Außerdem hatte er die Bayern sechs Millionen Mark gekostet und wechselte für nur eine Million nach Bordeaux. Ebenfalls 1994/95 liehen die Bayern den Bulgaren Emil Kostadinov vom FC Porto für 1,1 Millionen Mark aus. Er schoss in 27 Spielen sieben Tore und wurde umgehend an Fenerbahce Istanbul weitergereicht.

1996/97 holte Trainer Trapattoni Ruggiero Rizzitelli vom Erstliga-Absteiger AC Turin nach München. Der erste italienische Spieler bei Bayern hielt es nur zwei Spielzeiten aus. Der Stürmer wurde im Training von Lodda beschimpft und wechselte nach 45 Bundesliga-Einsätzen und elf Toren zum FC Piacenza.

Die Münchner Raubzüge im Überblick

– Leverkusens Ausverkauf:

2001/02 Robert Kovac
2002/03 Michael Ballack
2002/03 Zé Roberto

– Mönchengladbachs Ausverkauf

1980/81 Calle Del'Haye

1984/85 Lothar Matthäus

1987   Jupp Heynckes

1990/91 Stefan Effenberg

1998/99 Stefan Effenberg

– Ausverkauf des Karlsruher SC

1990/91 Michael Sternkopf

1991/92 Oliver Kreuzer

1992/93 Mehmet Scholl

1994/95 Oliver Kahn

1997/98 Thorsten Fink

1997/98 Michael Tarnat

– Ausverkauf des VfB Stuttgart

1995/96 Thomas Strunz

1997/98 Giovane Elber

– Ausverkauf des SV Werder Bremen

1995/96 Andreas Herzog

1995/96 Otto Rehhagel

1996/97 Mario Basler

2001/02 Claudio Pizarro

– Ausverkauf des 1. FC Nürnberg

1985/86 Manfred Schwabl

1986/97 Hans Dorfner

1988/89 Stefan Reuter

1988/89 Roland Grahammer

1989/90 Manfred Schwabl

1994/95 Alain Sutter

1996/97 Samuel Kuffour

– andere Einkäufe

1982/83 Norbert Nachtweih (Frankfurt)

1984/85 Ludwig Kögl (1860 München)

1986/87 Andreas Brehme (Kaiserslautern)

1990/91 Brian Laudrup (Bayer Uerdingen)
1990/91 Christian Ziege (Hertha 03 Zehlendorf)
1991/92 Bruno Labbadia (Kaiserslautern)
1993/94 Alexander Zickler (Dynamo Dresden)
1995/96 Ciriaco Sforza (Kaiserslautern)
1997/98 Jens Jeremies (1860 München)
2002/03 Sebastian Deisler (Hertha BSC Berlin)

– internationale Einkäufe
1973/74 Conny Torstensson (Atvidaberg FF)
1982/83 Jean-Marie Pfaff (FC Beveren)
1983/84 Sören Lerby (Ajax Amsterdam)
1987/88 Mark Hughes (FC Barcelona)
1989/90 Radmilo Mihajlovic (Dinamo Zagreb)
1989/90 Alan McInally (Aston Villa)
1991/92 Mazinho (FC Bragantino)
1991/92 Jan Wouters (Ajax Amsterdam)
1993/94 Adolfo Valencia (Santa Fé)
1994/95 Jean-Pierre Papin (AC Mailand)
1994/95 Emil Kostadinov (FC Porto)
1995/96 Jürgen Klinsmann (Tottenham Hotspurs)
1996/97 Carsten Jancker (Rapid Wien)

Der FC Bayern als
»Staatsmannschaft«

In Bayern regiert seit ewigen Zeiten die CSU, die das Aushängeschild des deutschen Fußballs zu Reklamezwecken fest umklammert. Die Bayern-Bosse erwidern diese Umarmung. Der Feuilletonist Helmut Böttiger stellte einmal fest: »Bayern München ist nicht zufällig die Fußballmannschaft, die wie keine andere mit einer politischen Partei identifiziert wird: der CSU.« Von Franz-Josef Strauß über Max »Amigo« Streibl bis Edmund Stoiber – die Ministerpräsidenten sind traditionell Bayern-Fans. Stoiber sitzt sogar im Verwaltungsbeirat des Vereins. »Der FC Bayern, nehmen wir ihn her, ist ›schwarz‹«, sagte Paul Breitner, der Mode-Rebell der 70er, einmal über seinen Verein.

Man kann den FC Bayern getrost als eine »Staatsmannschaft« (Böttiger) der bayerischen Staatspartei CSU betrachten. Zum Beweis eine lustige CSU-Anzeige aus dem Jubel-Buch »Fußball-Zauber in München« von 1982: »Bayern hat das erste deutsche Kernkraftwerk. Bayern hat vier neue Universitäten gegründet. Bayern hat die erste Herzklinik Europas. Bayern hat die modernste Anlage für Sondermüllbeseitigung. Bayern hat den FC Bayern. (...) Die politische Verantwortung in Bayern trägt die CSU.« Gefällig kombiniert, dieser Gedankensprung von der Atomkraft über den Sondermüll zum FC Bayern und der CSU.

Vor dem erhofften Wahlsieg 2002 brachte sich der beste aller bayerischen Staatsfußballprofis für den neu zu schaffenden Sportminister-Posten unter Kanzler Stoiber ins Gespräch. Lodda gab im Februar vor der Wahl dem »Spaßtelefon« des Radiosenders Bayern 1 hierfür eine Zusage. Hier der Wortlaut des entscheidenden Telefongesprächs:

Bayern 1: Hier Mehringer, Bayerische Staatskanzlei, wir sind da in Wildbad Kreuth und beraten über das Schattenkabinett von Edmund Stoiber – und jetzt die große Überraschung: Der Herr Stoiber will Sie in sein Schattenkabinett berufen.

Matthäus: Das ist natürlich ein kleiner, positiver Schock für mich.

Bayern 1: Sie sind als Weltfußballer ein Kosmopolit, eine Integrations- und Identifikationsfigur. Aber wir wollen auch den bayrisch-fränkischen Aspekt im Sport reinbringen. Wie kennen Sie sich mit bayerischen Sportarten aus?

Matthäus: Da müsste ich mich mit Leuten zusammensetzen, die sich mit Steinweitwurf auskennen.

Bayern 1: Wichtig wäre zum Beispiel auch Eisstockschießen.

Matthäus: Hab' ich erst vor drei Tagen gemacht.

Bayern 1: Wie schaut's mit Fingerhakeln aus?

Matthäus: Habe ich auch schon gemacht, genauso wie Bierkrugstemmen.

Bayern 1: Wir glauben, Sie wären der richtige Mann, wir werden das an Herrn Stoiber weitergeben.

Matthäus: Ja gerne, erstens ist das natürlich eine große Ehre für mich, zweitens bin ich ja sowieso ein ganz großer Fan vom Ministerpräsidenten nicht nur aufgrund seiner Politik, sondern auch aufgrund seiner Menschlichkeit, seiner Art und Weise, wie er mit den Menschen umgeht. Wir haben uns immer gut verstanden. Es ist eine große Sache und Ehre, meinen Beitrag dazu leisten zu können. Das würde ich gern machen, es wäre eine tolle Auszeichnung für mich.

Bayern 1: Das war ja praktisch die Antrittsrede für die Presse.

Matthäus: Jaja, aber das müssten wir dann noch abstimmen.

Bayern 1: Als Schatten-Staatssekretär haben wir an den Jürgen Klinsmann gedacht, was meinen Sie dazu?

Matthäus: Ja, ich habe mit dem Jürgen mal Probleme gehabt, aber der Jürgen ist ein Weltmann. Er war ja immer ein Gegenpol zu mir. Ich war der, der überall dabei war, er war immer der Zurückhaltendere, der Diplomatischere. Insofern würden wir ganz gut zusammenpassen.

Bayern 1: Herr Matthäus, kennen Sie das Bayern 1-Spaßtelefon?

Matthäus: Ah, da habt Ihr mich gut erwischt, aber ich kann mit dem Schmäh gut umgehen, seit ich hier in Wien bin. Und an Herrn Stoiber schöne Grüße, wenn Sie die übers Radio ausrichten möchten.

Da also das Sportministerium optimal besetzt ist, wollen wir Vorschläge für die Besetzung weiterer Schlüsselpositionen machen:

Finanzminister: Oliver Kahn

Als Finanzminister macht man sich keine Freunde. Kahn hat keine und ist deshalb der richtige Mann für den Posten. Pfiffe, Buh-Rufe und Bananen-würfe machen ihn nur stärker (»Ich habe keine Probleme, der Arsch zu sein.«). Kahn würde das Steuersystem endlich rücksichtslos verbessern. Dass er mit Geld umgehen kann, steht außer Frage, seitdem ihn Hoeneß zu seinem Nachfolger auserkoren hat. Außerdem verdient niemand so gut beim FC Bayern wie Dschingis Kahn.

Sozialminister: Stefan Effenberg

Schon im Mai des Wahljahres drängte sich der Tiger ins Stoiber-Kabinett, als er sein Wissen über die Arbeitslosigkeit in einem Nacktmagazin kund-tat. Das Problem der Arbeitslosigkeit, sagte Effe, könne er nicht sehen. Die Leute seien sich vielmehr zu fein, jeden Tag richtig zu buckeln. Zusammen mit dem Finanzminister würde Effe ein Aktionspro-gramm starten: erstmal die Steuern runter und dann ein bisschen Zug in den Laden bringen. Olli und Effe, der Schreihals und der Über-den-Platz-Traber, würden die Faulheit eigenhändig aus den paar Millionen Arbeitslosen rütteln.

Kriegsminister: Uli Hoeneß

Hoeneß schießt scharf und hat die richtige Kämpfermentalität. Die »Abtei-lung Attacke« wäre der richtige Mann für die kommenden Aufgaben der Bundeswehr. Wer braucht noch Landesverteidigung? Offensive ist ge-fragt. Hoeneß sagt: »Ich ziehe nur in den Krieg, wenn ich genau weiß, dass ich auch gewinne.« Auch wenn die Verluste hoch sind: Am Ende zählt der Sieg. Hoeneß garantiert ihn.

Besser als jeder andere könnte Firlefranz das höchste Amt im Staate ausfüllen. Er muss nichts entscheiden, darf aber franzeln wie immer. Denkanstöße würde er im Sekundentakt liefern. Ein Geruckel würde durch das Land gehen. Neutral wäre der Kaiser sowieso, weil er sich in einem Satz viermal widersprechen kann. Im Ausland genießt die Lichtgestalt ohnehin das höchste Ansehen. So erklärte er alle, die sich gegen eine deutsche WM-Bewerbung aussprachen, herrisch zum »Feind von Deutschland«. Kaiser for president!

Wie geeignet die Bayern-Macher für politische Aufgaben sind, haben sie bereits auf lokaler Ebene im jahrelangen Gezerre um ein neues Stadion bewiesen. Jämmerlich mäkelten sie an einem der schönsten Stadien der Welt herum, bis sie nach zahlreichen »Stadion-Gipfeltreffen« in Stoibers Staatskanzlei Erfolg hatten. Endlich dürfen sie ihr neues Show-Gebäude bauen. 2005 soll das knallrote Gummiboot-Stadion fertig sein. Die Plastikfassade der Arroganz-Arena wird zu den Bayern-Spielen rot und zu den Partien der Löwen blau glimmen. Zu den gemeinsamen Kosten für 1860 und die Bayern von mindestens 275 Millionen Euro schießt der Versicherungskonzern Allianz geschätzte 90 Millionen Euro für die Namensrechte an der neuen Arena zu.

Der Ämter-Cluster Beckenbauer hatte seine Fünffach-Position als Kaiser, Medienliebling, DFB-Vize, WM-Organisationschef und Bayern-Funktionär genutzt, um den Neubau durchzusetzen. Er drohte, dass in München »kein einziges WM-Spiel« ausgetragen würde, falls es kein neues Stadion gebe. Nach der Baugenehmigung entschädigte er Stadt und Land für die horrenden Ausgaben für den verkehrstechnischen Ausbau des Geländes (bis zu 250 Millionen Euro für Stadt, Land und Bund), indem er das WM-Eröffnungsspiel 2006 samt Pressezentrum nach München mauschelte. Das verwaisende Olympiastadion wird zum Denkmal für alle Bayern-Hasser. Die Bayern bemängelten seit langem, dass die Laufbahn unter dem schönen Zeltdach ihren Super-Profis pro Saison rund sieben Punkte gekostet habe. »Am besten ist, wir sprengen das Stadion einfach weg. Es wird sich doch ein Terrorist finden, der für uns die Aufgabe erledigen kann«, sagte der Kaiser über das Denkmal, in dem er 1974 den Weltmeister-Pokal in die Höhe recken durfte.

Firlefranz ist zuversichtlich, dass sein neuer Kaiserdom ohne Zwischenfälle gebaut wird: »In Fröttmaning lebt niemand, außer ein paar Laubfröschen. Und ich weiß nicht, ob die berechtigt sind, ein Bürgerbegehren zu starten.« Andererseits orakelte der Kaiser, der Bau werde nur pünktlich beginnen, wenn »nicht noch irgendwo ein Neandertaler vergraben ist«. Hierfür wird sich doch ein Terrorist finden lassen!

Sponsoren: Werbung mit den Bayern – Ein Millionengrab

Der Chef der Firma Jägermeister, Günter Mast, kam 1972 auf die Schnapsidee, die Trikots der Spieler von Eintracht Braunschweig mit dem Hirschgeweih zu verzieren – und erfand damit das Sport-Sponsoring. Das kostete ihn damals 800.000 Mark für fünf Jahre und war ein pfiffiger Werbe-Gag. Die Markennamen auf Trikots und Banden im Stadion werden durch das Fernsehen bekannter. Im günstigsten Fall strahlen die Gefühle, die der Fußball weckt, irgendwie auf die werbende Firma ab. Eine emotionale Bindung zwischen dem Zuschauer und dem Sponsor soll entstehen.

Das ist zumindest die Theorie. Die Manager großer Konzerne, die ansonsten jeden Pfennig viermal umdrehen, wenn es um Gehälter oder sinnvolle Investitionen geht, pumpen Milliarden in diese Werbeform. Wir kennen allerdings keinen Fan, der eine Firma in sein Herz schließt, weil sie auf dem Dress seines Lieblingsvereins wirbt. Im Gegenteil: Die Trikots von Werder Bremen, die in der Saison 2001/02 werbefrei waren, fanden reißenden Absatz. Und kein Zuschauer ist so dämlich, eine Versicherung abzuschließen, weil er deren Namen auf der Bande im Stadion gelesen hat.

Die Manager scheinen aber von ihrer Idee überzeugt zu sein. Gut, sollen sie doch. Betrachten wir das Ganze als kruden Akt der Wohltätigkeit oder modernes Mäzenatentum. Ohne die Millionen aus den Werbeverträgen würde der Ball in keinem Fußballstadion der Welt rollen. Und das wollen wir natürlich auch nicht. Also sollen die Manager weiter an ihrer Schnapsidee festhalten.

Doch im Falle des FC Bayern muss die Frage erlaubt sein, ob seine Sponsoren nicht zu tief ins Glas geschaut haben. Ein schlechterer Werbeträger als der Kotzbrocken-Klub ist kaum vorstellbar. Außer einer Handvoll Bayern-Anhänger verbinden die meisten Menschen Arroganz, Übermacht und erduselte Erfolge mit diesem Klub. Ein tolles Image. Sicher, es gibt auch das Konzept der Negativ-Werbung. Diese riskante Werbeform sollten aber nur Firmen anwenden, die konsequent auf Schock-Effekte und ein Skandal-Image setzen. Benetton beispielsweise würde hervorragend zum FC Bayern passen. Die werben ja auch mit Schwerverbrechern.

Alle anderen Firmen seien gewarnt: Der Fußball funktioniert nicht wie das übliche Wirtschaftsleben. Nur weil der FC Bayern »Marktführer« ist, bringt eine Kooperation noch lange keine Pluspunkte. Das liegt natürlich nicht an den Boykottaufrufen, die eingefleischte Anti-Bayern-Fans gegen die Sponsoren starten. Trotzdem nahmen die Anwälte der Unternehmensberatung KPMG einen solchen Aufruf bitter ernst. An die Initiatoren einer satirischen und privat genutzten Website schrieben sie im Januar 2002 stellvertretend für den FC Bayern:

»Sie unterhalten eine Website, auf der Sie bereits in der Überschrift zum Boykott von Unternehmen aufrufen, die Sponsoren für unseren Mandanten sind. Solche Unternehmen benennen Sie namentlich und verwenden auf der Website die Logos solcher Unternehmen. Weiter zeigt die Website eine Toilettenschüssel, in der das – als Markenzeichen geschützte – Emblem unseres Mandanten versinkt. [...] Sie schulden Unterlassung und Schadenersatz. Die Verwendung des in der Toilettenschüssel versinkenden Emblems verstößt gegen markenrechtliche Bestimmungen und gegen § 826 BGB. [...] Weiter behält unser Mandant sich vor, den Sachverhalt einer für die Strafverfolgung oder die Verfolgung von Ordnungswidrigkeiten zuständigen Stelle zu unterbreiten.« Natürlich folgten trotz der belustigenden Ernsthaftigkeit des Schreibens weder Unterlassung noch Schadenersatz und schon gar keine Strafverfolgung. Aber auch ohne solche Aktionen des unantastbaren Fußballklubs haben es die Bayern-Sponsoren nicht leicht. Die bittere Wahrheit lautet: Wer auf der Bayern-Brust wirbt, geht schweren Zeiten entgegen, schlimmstenfalls pleite.

Die einzige Ausnahme war Adidas. Die Firma war der erste Trikotsponsor der Bayern von 1974 bis 1978. Der Sportartikelhersteller schaffte rechtzeitig den Absprung und verlegte sich auf subtileres Anzapfen der bayerischen Geldmaschine, heute mittels zehnprozentiger Aktienbeteiligung. Eine weise Entscheidung, denn die Liste der Bayern-Trikotsponsoren könnte auch »Friedhof der Marken« heißen.

Magirus Deutz und Iveco

Magirus Deutz war ein Symbol deutscher Wertarbeit. Die Daten:

1864 als Feuerwehr-Requisiten-Fabrik C.D. Magirus in Ulm gegründet

1911 Aktiengesellschaft, Einstieg in die Produktion schwerer Lastwagen und Omnibusse

1936 Kauf durch die Humboldt Deutz Motoren AG, seit da »Magirus Deutz«

1975 Verschmelzung mit dem französischen Hersteller Unic und mehreren Nutzfahrzeugmarken des Fiat-Konzerns zur International Vehicle Cooperation (Iveco).

Die Lastwagen aus der Ulmer Schmiede waren rot und wuchtig und wurden liebevoll »Deutsche Bullen« genannt.

Rot und wuchtig, »Deutsche Bullen« – das passte gut zum FC Bayern, und so sponserte Magirus Deutz den Verein von 1978 bis 1980. Die Werbung auf den Brüsten so sympathischer Spieler wie Uli Hoeneß, Paul Breitner, Karl-Heinz Rummenigge und Georg Schwarzenbeck bekam der Firma nicht gut: 1980 musste die Klöckner-Humboldt Deutz AG (KHD) ihre Anteile an dem Traditionsunternehmen verkaufen. Komischerweise hatten sich offenbar relativ wenige Fußballfans beim Betrachten der Bayern-Trikots spontan zum Kauf eines zwölfachsigen Dreißigtonners entschieden.

Iveco führte das FC-Bayern-Sponsoring von 1980 bis 1984 weiter. Glück brachte es nicht. 1982 mußte das Omnibuswerk in Mainz geschlossen werden. 1983 schließlich tauften die Italiener Magirus Deutz in Iveco Magirus um. Heute ziert die »Deutschen Bullen« aus Ulm nur noch der Iveco-Schriftzug. Die Marke Magirus Deutz ist tot.

In der letzten Saison ihres Sponsoren-Engagements (1983/84) dämmerte den Iveco-Managern, dass sie auf dem Holzweg waren und dass ihr Schriftzug auf den Bayern-Brüsten mehr Übelkeit als Liebe auslöste. Besonders über den damaligen Bayern-Trainer Pal Csernai beschwerten sich die Manager. Der Ungar mit dem Seidenschal hatte die Arroganz auf die Spitze getrieben, und der Hauptsponsor sah in ihm einen schlechten Werbeträger.

Commodore

Nach dem Absprung von Iveco fanden die Bayern schnell einen neuen Dummen: Von 1984 bis 1989 sprang Commodore in die Bresche. Die Firma beherrschte die digitale Welt jener Tage, seitdem sie 1982 den C64 auf den Markt gebracht hatte. Der Brotkasten-Computer verkaufte sich wie warme Semmeln. 1983 beherrschte Commodore 32 Prozent des Homecomputer-Marktes, und die Wachstumsrate der Firma war damals fast doppelt so hoch wie von Konkurrent Apple.

Aber seit Antipathieträger wie Norbert Nachtweih, Dieter Hoeneß, Hans Pflügler und Klaus Augenthaler die Trikots mit dem C überstreiften, ging es mit der Firma bergab. Sie entwickelte zwar weiterhin technisch hervorragende Computer wie den Amiga. Doch das Versagen im Marketing riss das Unternehmen in den Abgrund. Der Marktanteil der Firma ging bis 1993 auf magere 1,7 Prozent zurück. 1994 meldete Commodore Konkurs an. Auf einem geheim aufgenommenen Video waren danach verzweifelte Ingenieure zu sehen, die Computertastaturen an den Wänden der Fabrikhalle zerschmetterten.

Von 1985 bis 1987 wurden die Bayern dreimal hintereinander mit dem Commodore-Logo Meister – und erledigten damit nicht nur die Konkurrenz, sondern auch den Branchenriesen Commodore.

Ab 1989 versuchte es der Autobauer Opel mit den Bayern – unbeein-
druckt vom Schicksal des Vorgängers Commodore, der mit den Bayern
gegen die Wand gefahren war wie der legendäre Opel »Commodore«.
Opel warb einst mit dem Werbetext »Wir haben verstanden«. Das Gegenteil trifft zu. Nichts, aber auch gar nichts, hatten die Opel-Manager begrif-
fen. Unverbesserlich pumpten sie bis 2002 Rekordsummen in den Fußballklub – zuletzt, so die Schätzungen, waren es 15 Millionen Euro jährlich
– und verkündeten gleichzeitig Massenentlassungen.

Der Rekordvertrag sollte eigentlich bis 2003 weiterlaufen. Ein Jahr früher
zogen die Autobauer die Notbremse, nachdem sie für 2001 eine Horror-
bilanz von minus 674 Millionen Euro vorlegen mussten. Zu Beginn des
Bayern-Engagements konkurrierte Opel noch mit Volkswagen um die Vorherrschaft auf dem Automarkt. Das ist jetzt vorbei.

Der deutsche Marktanteil der Rüsselsheimer sank von über 16
Prozent Mitte der 90er Jahre auf unter zwölf Prozent. In Bran-
chenkreisen wird für den Niedergang des Tochterunternehmens
von General Motors immer wieder auf das schlechte Image der Marke hingewiesen. Kein Wunder, nachdem das Opel-Logo jahrelang unter
den Gesichtern von Kahn, Effenberg und Co. aufblitzte und die Bayern-
Stars in einem dümmlichen Werbespot unglaubhafterweise in Opel-Kar-
ren saßen, während sie, von Hitzfeld dirigiert, ausschwärmten.

Der Leiter der Sportkommunikation bei Opel, Dieter Meinhold, hat auch
nach dem Desaster nichts verstanden. Man habe, sagte er, »mit dem FC
Bayern insgesamt sehr viel erreicht« und »alle nur erdenklichen sportlichen Erfolge und damit auch ein Maximum an positiver Kommunikation
und Imagetransfer erreicht«. Das sah ein Unternehmenssprecher allerdings anders: Die neue Werbekampagne soll das Image der Marke verbessern. Das aber könne man »mit dem bisherigen Sponsoring nicht erreichen«. Stimmt.

Das einzige, was die Autobauer tatsächlich erreicht haben, ist, ihre

Stammkundschaft zu verprellen. Die Käufer ehemaliger Bestseller wie Corsa und Astra waren keine erfolgsgeilen Luxusfans. Anstatt einen Manta-Nachfolger zu bauen und bei einem Arbeiterklub zu werben, transferierten die Rüsselsheimer Millionen ins BMW-Land. Die Bayern dankten es mit nochmals gesteigertem Unbesiegbarkeits-Wahn.

Deutsche Telekom

Mit fliegenden Fahnen stürzt sich jetzt die Deutsche Telekom ins Unglück. Als der inzwischen gefeuerte Telekom-Chef Ron Sommer und der Vorstandsvorsitzende der Bayern AG, Karl-Heinz Rummenigge, im März 2002 den Sponsorenvertrag unterzeichneten, inszenierten sie das Ereignis wie einen Staatsakt. Über der Münchner Maximilianstraße hing vor dem Nobelhotel »Vier Jahreszeiten« die Telekom-Flagge neben der Bayern-Fahne. Eine Mega-Fusion zweier Möchtegern-Weltkonzerne, die in punkto Selbstüberschätzung hervorragend zueinander passen.

Die Telekom hat freilich einen schönen Vorsprung gegenüber ihren Vorgängern auf der Bayern-Brust: Erstens ist der Ruf des Ex-Monopolisten längst ruiniert, und zweitens steckte das Unternehmen schon vor dem Beginn der Bayern-Kooperation bis zum Hals in Schulden. Jetzt setzt die Telekom auch noch auf die Bayern als Zugpferd und gibt dafür geschätzte 20 Millionen Euro pro Jahr aus. Bis zum Jahr 2008 will die Telefonfirma mit dem lahmenden Marketing-Gaul in eine neue Dimension galoppieren. Auf die Frage, ob er keine Angst habe, dass die Menschen in Gelsenkirchen, Kaiserslautern oder Leverkusen ihre Telekom-Verträge zerfetzen, bestätigte Sommer selbstkritisch: »Ich glaube, dass sie sich für die besseren Produkte entscheiden.« Der rheinland-pfälzische Ministerpräsident, Kurt Beck, hatte schon wenige Tage nach Bekanntgabe des Sponsorenvertrags schlechte Nachrichten für die Telekom: »Es gibt eine Menge Proteste, die bei mir landen, von Bürgern, die sagen, wie kommen wir denn dazu, mit unserer Telefoniererei den FC Bayern zu sponsern.«
In jedem Fall betreibt die Telekom ihre Imagezerstörung konsequenter als

alle Vorgänger.

Als würde es nicht schon ausreichen, dass auf den verhassten Trikots jetzt T-Mobile steht – nein, die Telekom will sich ihre Produkte noch gründlicher versauen: »Der Konzern Deutsche Telekom«, sagte Sommer ahnungslos, »bringt seine gesamte Schlagkraft ein.« Das stellte sich der Ex-Konzernchef dann so vor: »In einigen Jahren werden Sie mit ihrem UMTS-Handy von T-Mobile beispielsweise auch auf Geschäftsreisen oder im Urlaub kein Tor der Bayern in der Deutschen Meisterschaft oder der Champions League mehr verpassen.« Hilfe! Was für ein Alptraum – und welch eine Steilvorlage für die Konkurrenz! Wenn beispielsweise E-plus, O2 oder Vodafone die Bayern-Gegentore in der Bundesliga versendet, prophezeien wir eine 17-fach höhere Wachstumsrate.

Den Tiefpunkt leistet sich die Telekom in ihren T-Punkten: Allen Ernstes planen die Manager, dort Handys, Anrufbeantworter und Faxgeräte mit Bayern-Wappen zu verkaufen. Es scheint, als wolle der rosa Riese mit aller Macht eine neue Minusrekordbilanz. Effektiver kann man seine Kundschaft jedenfalls kaum aus dem Laden ekeln.

Was Rummenigge über die Wirkung des neuen Werbepartners auf die Bayern-Elf sagte, klingt wie eine Drohung: Die Trikots mit der Telekom-Werbung überzustreifen, sagte der ehemalige Fußballer, »erfüllt uns und unsere Spieler mit Stolz und zusätzlichem Selbstbewusstsein«.

Man stelle sich Kahn, Ballack und Jeremies mit »zusätzlichem Selbstbewusstsein« vor – eine Horrorvision.

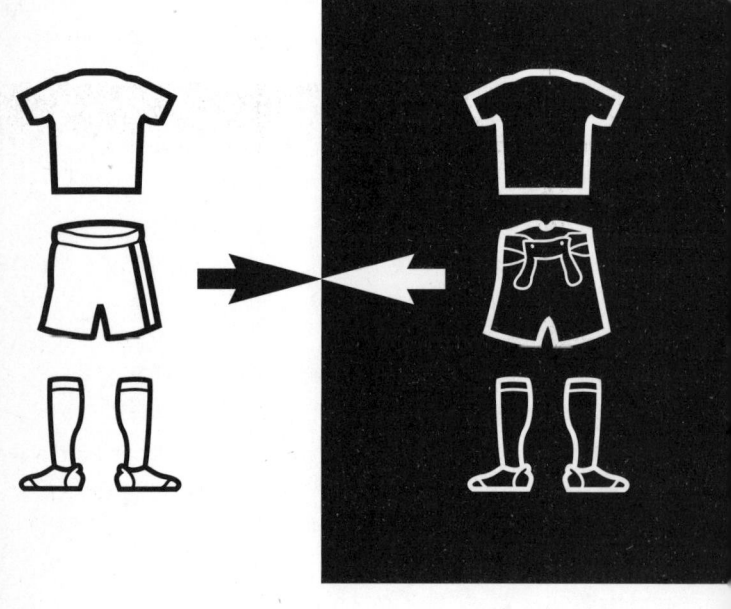

Schaukampf Gut gegen Böse

Hier treffen die Auswahlmannschaften der schlimmsten Bayern-Profis und der besten Bayern-Gegner aller Zeiten aufeinander. Für die Partie Gut gegen Böse war die Auswahl an geeigneten Spielern auf beiden Seiten groß – Trainer und Manager stellten ihre jeweilige Elf aber nach bestem Wissen und Gewissen auf.

Das Team der Lederhosen-Auszieher

```
                    Manager:
      Willi Lemke, der »Feindbild-Aufbauer«
```

Die Bayern beriefen den ehemaligen Manager des SV Werder Bremen quasi selbst ins Team der Lederhosen-Auszieher. Uli Hoeneß sagte über seinen Gegenspieler, er sei »ein Volksverhetzer. Der hat uns als Feindbild aufgebaut«. Außerdem beschuldigte Uli seinen Lieblingsfeind der Charakterlosigkeit.

Den Zorn des Gegners zog Lemke Mitte der 80er auf sich, weil er sich vehement für mehr Gerechtigkeit in der Bundesliga und gegen die alles aufkaufenden Bayern aussprach. Damit ist Lemke das Gegenteil des Leverkusener Managers Reiner Calmund, der sich bauchzuckend alles gefallen lässt. Über den dreisten Wegkauf seines Spielers Zé Roberto sagte Calli nur: »Der FC Bayern hat sich korrekt verhalten.« Das wäre Willi nicht über die Lippen gekommen.

```
                    Trainer:
            Das Märchen von Daumnase
```

Es war einmal ein unbekannter Jüngling vom Land, der auf einer Party mit seiner frechen Art dem tonangebenden Macker die Bräute abspenstig machte wollte. Er bezirzte die Mädchen mit völlig neuen Tönen und hatte

Erfolg. Doch die neureiche, kleinkarierte FC-Bayern-Gang verstand keinen Spaß: Sie zerrten den Lautsprecher, der ihnen einen Vogel gezeigt hatte, in eine dunkle Ecke. Dort versuchten sie ihn mit drohenden Worten und kleinen Spielchen davon zu überzeugen, dass er sich von dieser Party verpissen soll.

Nach der ersten Abreibung verschwand der Jüngling zwar, um kurz darauf erfolgreicher denn je zurückzukehren. Er hatte Blut geleckt. Das Psycho-Spiel gegen die Nummer 1 im Revier wirkte wie eine Droge auf ihn. Er war süchtig und kam davon nicht mehr los, auch wenn er ab und an von den Schlägern der Gang auf die Fresse bekam.

Irgendwann wurde es den Mofa-Rockern zu bunt. Sie fühlten sich in die Enge getrieben und hatten Angst um ihre hart erkämpfte Vormachtstellung. Im Bierrausch heckten sie einen Plan aus, der den aufgehenden Star für immer zum Verglühen bringen sollte. Sie kramten in seinem Leben, bis sie fündig wurden. Dann lockten sie den Jüngling auf die Tanzfläche und umgarnten ihn mit schmeichelnden Worten, um ihm schließlich in aller Öffentlichkeit einen Dolch in den Rücken zu stoßen. Hinterher wollten sie es nicht gewesen sein. Doch da der Jüngling bei der Hinrichtung nicht gestorben ist, lebt er noch heute und sinnt auf Rache.

Der Kader:

1. Uli Stein
mit dem Anti-Bayern-Reflex

Lange hat Trainer Daum über der Torwart-Frage gebrütet. Die Auswahl an echten Kerlen zwischen den Pfosten, die kein gutes Haar an den Bayern lassen, ist groß. In der engeren Wahl standen der legendäre Gladbacher Torwart Uli Sude, der von den Bayern als Pannen-Oli verspottete Altmeister Oliver Reck, der Lauterer Georg Koch, Frank Rost, der jetzt das Tor auf Schalke hütet, und natürlich Uli Stein.

Den Ausschlag für Stein gab ein Faustschlag. Am 28. Juli 1987 offenbart der HSV-Keeper im Supercup-Spiel gegen die Bayern den ausgeprägtes-ten Anti-Bayern-Reflex: In der 87. Minute boxt Stein dem Torschützen zum erduselten 2:1-Sieg der Bayern, Mittelstürmer Jürgen Wegmann, ins Ge-sicht.

Stein beschreibt den entscheidenden Moment, nachdem Wegmann einen Abstauber ins Tor gestolpert hatte und auf den Schlussmann gefallen war, in seinen Memoiren wie folgt: »Ich drehe mich zu ihm. Er setzt sich auf, will zum Jubellauf starten. Der Zeitraffer rast. Hundertstelsekunden liegen zwi-schen Reiz und Reaktion. (...) Unsere Blicke treffen sich. Ich fühle den Blackout kommen. Der Kopf bäumt sich vergebens gegen den Körper auf. Meine Hand ballt sich zur Faust. Ich ergebe mich dem Reflex. Meine Faust schnellt hoch an sein Kinn. Sofort stehe ich auf, hole den Ball aus dem Netz und trockne ihn an meinem Pulli.«

Abgesehen von dieser instinktiven Handlung war Uli Stein ein Weltklasse-torwart, der den Begriff »Suppenkasper« für Kaiser Franz einführte. Stein rebellierte bei der WM 1986 in Mexiko gegen den Team-chef, sang in der Badewanne Spottlieder über den Kaiser und brach seinen Aufenthalt frühzeitig ab. Danach offenbarte er, dass der Kaiser seine Mannschaft nicht nach Leistung aufstellte, sondern Tor-wart Harald Schumacher vorzog, weil dieser einen gut dotierten Sponso-renvertrag zu erfüllen hatte.

2. »Killer« Kuffour – Geliebter Feind im Bayern-Dress

Anfang der 80er Jahre trafen sich die Präsidenten der anderen Bundesli-gisten zu einem Krisengipfel. Alle waren sich einig, dass die Erfolgsserie der Bayern nicht anhalten dürfe. Deshalb beschloss die Runde, den Bay-ern ein Kuckucksei ins Nest zu legen.

In Kumasi (Ghana) und Turin (Italien) ließ man einen Fußballer in Nah-kampftechniken ausbilden, der Hoeneß 1993 als Schnäppchen unterge-schoben wurde. Sein Name ist Samuel Osei Kuffour. Sicher spielt Sammy

ab und an Weltklasse und schießt entscheidende Tore wie im Weltpokalfi-
nale (interessiert außer den Bayern eh keinen), doch viel häufiger spielt er
in wichtigen Partien auf Kreisklassenniveau und zerstört die Mühen seines
Vereins. Deshalb steht der Mann aus Ghana auch im Aufgebot für die Lederhosen-Auszieher.

Was Uli nicht weiß: Sammy wurde ein Anti-Bayern-Serum injiziert. Kuffour
möchte zwar gut für seinen Verein spielen, er kann es aber nicht. Denn so-
bald er im roten Trikot steckt, verwandelt sich der brave Mann in den unberechenbaren »Killer Kuffour«, den Schrecken aller Fußballer. Wahllos
bohrt er seine Stollen in unschuldige Weichteile, streckt alles mit Karate-
Sprüngen nieder, was sich bewegt, und schießt Tore auf beiden Seiten.

Letztes Opfer des Killers war im DFB-Pokalhalbfinale 2001/02 der
Schalker Jörg Böhme, den Kuffour an der Mittellinie mit einem einge-
sprungenen Spagat aus dem Hinterhalt umsenste. Als Böhme die Dreistigkeit besaß, ohne Verletzung wieder aufzustehen, knockte ihn der
Killer mit einem technisch sauberen Kopfstoß aus.

Nach solchen Aktionen erleidet Sammy jedes Mal einen Blackout,
und er reagiert völlig bestürzt, wenn der Schiedsrichter ihm seine
Lieblingsfarbe vor die Nase hält. Siebenmal ist ihm das schon in seiner
Zeit bei den Bayern widerfahren, fünfmal davon ohne gelbe Vorwarnung.
Bundesliga-Rekord!

Das Anti-Bayern-Serum bewirkt außerdem, dass Kuffour wie im Rausch
über den Platz rennt und den Ball auch mal ins eigene Tor kickt. Zum Beispiel am 31. Spieltag der Saison 1997/98, als er ein Tor zum Bielefelder
4:4 gegen die Bayern beisteuerte. Ohne diesen Treffer hätten die Bayern
am Ende zwei Zähler mehr auf dem Konto gehabt und wären vor Kaiserslautern Meister geworden. Gut, dass das Serum funktionierte.

Am gefürchtetsten ist Kuffour bei seinen Abwehrkollegen und bei Torwart
Kahn – gibt es doch bei Bayern keine Defensivkraft mehr, dessen Karrie-
re nicht schon durch eine Verletzung gefährdet worden wäre, die ihnen
Kollege Wahnsinn im Eifer des Gefechts beigebracht hatte.

Es war im Herbst 1995, als Mario Basler sich selbst in das Team des FCB redete: »Ich glaube, ich wäre eine gute Verstärkung für Bayern München.« Ein paar Monate später war der Transfer perfekt, und Basler wechselte für acht Millionen Mark von der Weser an die Isar. Dort erkannte er das System der Bayern und wurde zu ihrem größten Kritiker.

Der genialste und gleichzeitig wahnsinnigste Fußballer Deutschlands sorgte bei den Bayern immer wieder für Wirbel. Obwohl Basler im Trikot der Bayern zum »Arsch« mutierte, wie er selbst feststellte, hatten sie mit ihm ein Problem: Er ordnete sich nicht unter und wurde damit zum Sorgenkind des Systems. Für Basler war der FC Bayern niemals der Traumklub: »Ich hab früher schon in der Westkurve (Kaiserslautern) gestanden und Lothar Matthäus beschmissen.« Er sah die Bayern lediglich als Sprungbrett zu einem richtigen Verein.

Als der mündige Angestellte schließlich einen neuen Vertrag nicht unterschreiben wollte, versuchte ihn die Führungsriege abzustrafen und medienwirksam zu entsorgen. Jeder angebliche »Verstoß gegen die Pflichten eines Spielers« wurde säuberlich notiert. Doch die Summe schien unter dem Strich nicht zu reichen. Im April 1998 bezahlte der Verein sogar einen Privatdetektiv, um Baslers Lebenswandel auszuspionieren.

Im Oktober 1999 wurde Mario Basler dann offiziell suspendiert. Nach Meinung des Präsidiums war er für den Verein untragbar geworden, weil sich eine lange Liste von Verfehlungen und Entgleisungen angesammelt habe. Basler beklagte sich Jahre später über den Rausschmiss im Magazin Stern: »Keiner wollte mir glauben, weil der FC Bayern die Medien im Griff hat. Der Club wollte mich weghaben. Das war von langer Hand geplant.«

An anderer Stelle sagte Basler: »Ein Stefan Effenberg kann einer Frau in einer Disco in die Fresse hauen, da passiert nichts.« Der »Harald Juhnke der Bundesliga«, wie die Süddeutsche Zeitung Basler nannte, musste den geleckten rot-weißen Klub jedoch verlassen. Eigentlich kann die schillernde Persönlichkeit froh sein, dass sie auf den richtigen Weg gezwungen wurde. »Das Ende war grausam, hat mich aber zu einem neuen Leben gebracht.« Kaum den Fängen der unbarmherzigen Talentfänger entkommen, blühte Basler bei seinem Traumverein, dem 1. FC Kaiserslautern, wieder auf.

Wir freuen uns, den Fußballer Mario Basler wieder in der universumausfüllenden Gemeinschaft der Bayern-Hasser begrüßen zu können.

4. / 5. Der doppelte Joker – Ole Gunnar Solskjær und Teddy Sheringham

Tusen takk skal du har, Ole, kjempebra mål. Thanks a lot Teddy, great goal, too. Diese beiden Fußballer in Reihen von Manchester United gaben dem Champions-League-Finale 1999 in Barcelona die entscheidende Wende. Als sich alle bereits auf einen Sieg der Bayern einstellten, erzielte Teddy Sheringham in der 91. Minute den Ausgleich. Als sich alle bereits für eine Verlängerung einrichteten, drückte Ole Gunnar Solskjær in der 93. Minute den Ball zum 2:1 für »ManU« über die Linie. Hunderttausende von Fans dankten dem Engländer und dem Norweger für ihre Tore. Sie werden als Ikonen der Anti-Bayern-Bewegung verehrt. Noch heute lösen ihre Namen Panikattacken bei den Bayern aus. Der 26. Mai wurde außerhalb Münchens zu einem Feiertag erklärt.

6. Der verwaiste Magier – Krassimir Balakov

Es war der Klub aus München, der 1997 das »magische Dreieck« durch den Kauf von Giovane Elber zerstörte. Bis dahin hatten Balakov, Elber und Bobic im Trikot des VfB Stuttgart alle Gegner schwindlig gespielt. Von der Zerstörung des Dreiecks haben sich der VfB und Balakov zwar nie wieder richtig erholt, dennoch konnten die Stuttgarter die Bayern von September 1999 bis September 2000 dreimal nacheinander besiegen (1:0 am

24.09.99 in München, 2:0 am 04.03.00 und 2:1 am 09.09.00 jeweils in Stuttgart). Balakov erzielte jeweils den entscheidenden Treffer. Eine Rüge muss man dem Bulgaren dennoch erteilen: Mit seinem 1:0-Siegtreffer gegen Schalke am vorletzten Spieltag der Saison 2000/2001 ermöglichte er dem FCB die 17. Meisterschaft.

7. Der Volley-ins-Herz-Schütze – Stephane Chapuisat

Es läuft gerade die 109. Minute im Rückspiel des Champions-League-Viertelfinales zwischen dem FC Bayern München und der gastgebenden Borussia aus Dortmund, als Stephane Chapuisat den Ball volley mit dem linken Fuß unhaltbar im Kasten von Oliver Kahn versenkt. Mit diesem Tor katapultiert der Schweizer die Borussia in den Fußball-Himmel, während der Weltverein endgültig in der Hölle landet. Leider scheiterte Dortmund dann im Halbfinale am späteren Champions-League-Gewinner Real Madrid.

Dieses Tor allein qualifiziert Chapuisat für das Lederhosen-Auszieher-Team. Doch der Schweizer hat noch mehr Gründe, in dieser Elf zu stehen: Dass die Bayern und in allererster Linie der ehrgeizzerfressene Oliver Kahn dem Dortmunder Stürmer diese Schmach nicht verzeihen würden, hat er wohl geahnt. Chapuisat war aber sicherlich nicht auf die Kamikaze-Aktion von »King Kahn« gefasst, die sich am 3. April 1999 im Rückrundenspiel der Saison 1998/99 ereignen sollte. Anstatt durch Paraden zu überzeugen, fliegt der Bayern-Goalie in Karate-Manier mit gestrecktem Bein und gefährlich blitzenden Alu-Stollen auf sein neongelbes Ziel zu. Nicht nur Chapuisat wirkt nach dieser Szene geschockt, auch den Augenzeugen im Stadion und an den Bildschirmen wurde angst und bange. Sicherlich hätte der Schweizer Stürmer spätestens nach diesem Aussetzer des wildgewordenen Kahns mehr als drei Bundesligatreffer gegen die Bayern verdient, zumal er neben unzähligen Tritten und Remplern auch noch eine Ohrfeige von Mehmet Scholl kassierte.

Technisch perfekt am Ball, frech und kreativ mit ungeheurem Spielwitz – Thomas Häßler ist das Gegenteil eines geradeauslaufenden Bayern-Spielers. So schillernd und begeisternd Häßler auf dem Rasen auftritt, so bescheiden, zurückhaltend und fast zerbrechlich wirkt der kleine Berliner nach dem Schlusspfiff. Er ist ein sympathischer Weltklassespieler, kein selbstverliebter Fußballdarsteller.

Der Weltmeister (1990), Europameister (1996), zweifache Fußballer des Jahres (1989, 1992) und Dritter der Wahl zum Weltfußballer des Jahres (1992) machte trotz seines unumstrittenen Status als deutscher Weltstar immer einen großen Bogen um den FC Großkotz. Seinen schönsten Satz über bayerische Anwerbungsversuche sagte er auf dem Höhepunkt seines Könnens 1991: »Zu München gehe ich erst recht nicht.«

Eine Zeile wie aus dem Toten-Hosen-Liederbuch.

92

Stattdessen zog Häßler stets die Fäden im Mittelfeld der Bayern-Konkurrenz: zuerst unter Trainer Daum beim 1. FC Köln (1983-1990), dann beim Karlsruher SC (1994-1998) und bei Borussia Dortmund (1998/99), um schließlich doch nach München zu wechseln: zur Bayern-Hasser-Mannschaft schlechthin, den Münchner Löwen. Zwischenzeitlich machte »Icke« deutlich, dass der Weg zu italienischen Spitzenklubs (Juve und AS Rom, 1990-1994) nicht zwangsläufig durchs Beckenbauerland führen muss.

Frankie, der Bundeswehr-Totalverweigerer, den die Feldjäger vom Trainingsplatz in die Kaserne zerren mussten, war ein vollblütiger Anti-Bayern-Spieler in Diensten von Mönchengladbach (1981-1986), Borussia Dortmund (1986-1994) und Fortuna Düsseldorf (1994-1996). Das schlampige Stürmergenie rannte stets mit heruntergelassenen Stutzen, das Trikot lässig über der Turnhose flatternd, über den Fußballplatz. Der Essener liebte den Ruhrpott so sehr, dass er trotz zahlreicher Angebote immer in Heimat-Nähe blieb.

In 378 Bundesligaeinsätzen erzielte der raffinierte Stürmer 123 Tore – darunter auch das 25.000ste der Bundesligageschichte. Sein Kommentar: »Auf ewig verewigt, was bedeutet das schon?« In der ewigen Bestenliste der Bundesliga-Torjäger liegt Mill auf Platz 22. Die Lässigkeit des gelernten Floristen und sein Unwille sich unterzuordnen (»Ich lasse mich nicht zum Hanswurst machen«) passten nicht in den hanswurstigen WM-Kader unter dem suppenkaiserlichen Regiment von 1986. Firlefranz strich Frankie kurz vor der Abreise nach Mexiko von der Liste, und auch in Italien 1990 ließ der Teamchef den »mit allen Abwassern gewaschenen« (Norbert Dickel über Mill) Stürmer durchweg auf der Tribüne oder der Bank schmoren. Nach der gewonnenen Weltmeisterschaft sagte Mill: »Wer mich Weltmeister nennt, den erkläre ich für bescheuert.«

Wir freuen uns auf das Duell Mill gegen Kahn, Coolness gegen Krampf.

10. Das Schlitzohr
Manfred Burgsmüller

13 Bundesliga-Tore schoss Manni gegen die Bayern in seiner langen Karriere bei Rot-Weiß Essen, Borussia Dortmund und Werder Bremen. Der Grund, warum Burgsmüller den Bayern mehr einschenkte als alle anderen: Er hatte keinen Respekt, traf sich mit den Unantastbaren auf Augenhöhe und glaubte nicht an die bayerische Unbesiegbarkeitslegende. Für den majestätsbeleidigten Uli Hoeneß Anlass, sich larmoyant zu beschweren: »Der verarscht uns schon seit Jahren.«

Der alte Fuchs Burgsmüller, der noch als 50jähriger für das Düsseldorfer American Football-Team Rhine Fire kickte, erklärt die Bayern-Erfolge nüchtern: »Einen Mythos gibt es nicht. Die haben so viel gewonnen, weil sie immer das beste Spielermaterial hatten.« Der heutigen abgehobenen

Bayern-Führung aus Kaiser, Hoeneß und Rummenigge begegnete Burgsmüller noch auf dem Platz. An Zweikämpfe mit Firlefranz höchstselbst kann er sich aber nicht mehr erinnern: »Für die Drecksarbeit hatte Franz seinen Helfer Schwarzenbeck.« Egal, wen Lattek auf Manni ansetzt: Gegen die Roten wird er treffen.

11. Der Hackentrickser Rabah Madjer

Allein der Klang dieses Namens löst Freudentränen beim eingefleischten Bayern-Hasser aus, weil der Algerier den Weltverein auf der allerhöchsten Bühne bloßstellte. Mit der Hacke erzielte Rabah Madjer in Diensten des FC Porto ein legendäres Tor im Finale des Europapokals der Landesmeister 1987 (siehe auch »Die schönsten Niederlagen«).

Das Horror-Bayern-Team

»Ich bin nicht arrogant, nicht brutal, nicht aufbrausend. Ich glaube, man kann keinen besseren Freund haben als mich.«

Seit 1979 führt Hoeneß den FC Bayern als Manager und ist damit verantwortlich für die Erfolgsmisere des Klubs. Für den Verein, den er »als Teil von mir, als dominantes Stück meines Lebens« ansieht, nimmt er fast alles auf sich: Moralprediger, Wüterich, Gutmensch, Finanzgenie, leidenschaftlicher Fußballer. Hoeneß übernimmt jede Rolle für seinen Verein.

»Ich bin privat nicht der Mensch, den ich hier spiele«, sagt er. Wenn das stimmt, sollte er nach Hollywood wechseln und Oscars einheimsen. In der Filmgeschichte gab es nur einen Choleriker und Jähzornigen, der es wohl mit ihm aufnehmen könnte: der französische Komiker Louis de Funès.

Wir sehen den Film Daumnase gegen Uli im Aktuellen Sportstudio, Mai 1989: Zwei Männer werden Feinde. Christoph Daum – Trainer-Aufsteiger, Angeber und vielleicht schon damals auf Koks – sitzt Uli Hoeneß – Weltmeister, Manager und Wurstfabrikant – gegenüber. Es ist Liebe auf den ersten Blick: »Um das Maß an Selbstüberschätzung zu kriegen wie du«, sagt Daum, »muss ich 100 Jahre alt werden.« Hoeneß' Gesicht wird zur Blutwurst, der Mund verbissen, die Worte zur Waffe. Am Ende grölt das Sportstudio-Publikum »Zieht den Bayern die Lederhosen aus!« Spätestens da hätte Hoeneß erkennen müssen, dass er kein Schauspieler ist und dass seine Auftritte übelgenommen werden.

Doch anstatt den Lautsprecher der Liga trompeten zu lassen, anstatt Gelassenheit, Milde und Größe eines wahren Champions zu zeigen, keift Hoeneß zurück – und das über Jahre. Die Männerfeindschaft gipfelt im Oktober 2000 in der Koks-Affäre. Aus der Show wird Ernst.

Als eine Münchner Boulevardzeitung Ende September Drogen- und Puffgerüchte über Daum verbreitet, forderte Hoeneß in Interviews, dass Daum nicht Bundestrainer werden dürfe, wenn die Gerüchte vom »verschnupften Daum« wahr seien. Hoeneß' Bemerkung bringt die Koks-Affäre richtig ins Rollen, und dem durch eine Haarprobe überführten Daum blieb nur noch der Job als Trainer unseres Lederhosen-Auszieher-Teams. Abgesehen von der gespielten oder echten Bösewicht-Rolle ist Hoeneß ein eiskalter und vom Ehrgeiz getriebener Manager, der einmal zugab: »Ich bin nicht dem Fußball verantwortlich, sondern dem FC Bayern.« Auf diese Formel gebracht, lässt sich seine Aufstellung als Horror-Bayern-Manager am besten verstehen (siehe auch »Transferpolitik: Kaufe deine Feinde!«).

Trainer:
»Meistermacher« Udo Lattek

»Latteks Erfolgsgeheimnis ist, immer zum richtigen Zeitpunkt die richtige Mannschaft trainiert zu haben.« (Zitat des Lattek-kritischen Ex-Bayern-Managers Robert Schwan)

Wie Daum hat Lattek ein Nasenproblem: Bei ihm geht es um Rot, nicht um Weiß. Wenigstens stand Lattek zu seiner leuchtenden Schnapsnase: »Manchmal braucht man einen Schluck gegen den Stress.« Mit dieser Offenheit hätte er beinahe den Sprung auf die Bank des Horror-Bayern-Teams verpasst.

Ansonsten passt Lattek zum FC Bayern wie kein Zweiter, weil er die Rücksichtslosigkeit der Bayern am heftigsten förderte, zum Beispiel, als er den Knochenbrechertritt gegen Rudi Völler rechtfertigte (siehe auch: »Die ärgerlichsten Meistertitel«), weil er insgesamt sechsmal als Bayern-Trainer Meister wurde, einmal Europapokalsieger und dreimal DFB-Pokalsieger.

Außerdem verkörpert Lattek Arroganz und Bayern-Dusel: Niemand kann sich seine Erfolge erklären, denn fachlich beschränkte sich sein Wissen auf »Die Spieler müssen Gras fressen«. Sein Größenwahn vermischte sich manchmal mit der Alkohol-Fahne: »Die großen Trainer haben schließlich alle gesoffen: Weisweiler, Happel, Zebec. Und ich gehöre ja auch zu den Großen.« Noch Fragen?

1. Dschingis Kahn

Egal, in welchem Stadion der FC Bayern aufläuft, werden die Pfiffe und Buhrufe der Menschenmassen von einem bedrohlichen Ticken übertönt. Tick-tack, tick-tack, tick-tack. Eintönig weht es der Wind über den Platz. Es dringt von dort ans Ohr, wo bei anderen Vereinen der Ruhepol der Mannschaft spielt: aus dem Strafraum. Bei den Bayern steht dort eine Zeitbombe, die spielelang vor sich hin tickt, um unerwartet und plötzlich in einem lauten Knall zu explodieren.

Wie in der Saison 2000/2001 im Spiel gegen Hansa Rostock. 90 Minuten passte er sich der schlechten Vorstellung seines Teams an, um dann in der Nachspielzeit mit Schaum vorm Mund in den gegnerischen Strafraum zu rennen und dort zum Glück nur den Ball ins Gästegehäuse zu fausten. Dafür sah er Gelb-Rot.

Trotzdem wissen selbst die Fans der Bayern-Gegner, was sie an diesem sonderlichen Exemplar eines Torwarts haben. Damit er nicht krank wird, werfen sie ihm jedes Wochenende vitaminreiche Bananen in sein eingestreutes Gehege. Doch anstatt sich über das Obst und die von Herzen kommenden Verse (»Da steht ein Affe im Tor, ja ja, ein Affe im Tor, der ist so hässlich«) zu freuen, fletscht der »Gladiator der Gegenwart« (O-Ton Kahn) seine Reißzähne.

In solchen Situationen wird verständlich, warum sich Leute wie der Aufsichtsratschef des Liga-Konkurrenten aus Kaiserslautern, Dr. Robert Wieschemann, Sorgen um die Besucher machen: »Der Kahn gehört in den Käfig und weg.«

Kahn strebt ohne Spaß nach Perfektion, weil er nur ein Ziel kennt: »Meine Maxime ist Erfolg, davon möchte ich so viel wie möglich haben.« Wird sein Ehrgeiz nicht belohnt, wird sein Strafraum zum Jagdrevier – komme, wer da wolle. 1996 traf es den damaligen Teamkollegen Andreas Herzog. »Hulk«, das Monster aus dem badischen Sumpf, packte den Österreicher mit beiden Pranken, schüttelte ihn kräftig und stieß ihn aus dem Fünf-Meter-Raum.

Der größte Ausbruch des Vul-Kahn ereignete sich am 3. April 1999 in Dortmund. Zunächst musste Heiko Herrlich herhalten: Im Stile eines Vampirs geht Kahn dem Borussen an die Gurgel und scheint sich dort festbeißen zu wollen. Bei dieser Szene fällt einem der Boxkampf zwischen Tyson und Holyfield ein. Herrlichs Ohr blieb zwar heil, jedoch musste er laut Harald Schmidt die SAT.1-Aufzeichnung mit nach Hause nehmen, »um seiner Frau zu beweisen, dass er nicht fremdgegangen ist«. Am selben Abend hätte es beinahe auch Stephane Chapuisat erwischt (siehe Anti-Bayern-Team). Nach den Attacken meinte Kahn lapidar: Es kann »schon mal vorkommen, dass man plötzlich ein bisschen ausrastet«.

Solange die Realitätsverzerrungen nicht behandelt sind, sollten Gegner Kahn lieber mit Weitschüssen eindecken und jeglichen Nahkampf meiden. Doch Vorsicht: »Jedes Tor ist eine Art Erniedrigung«, was dazu führen kann, dass Kahn sein angestammtes Revier verlässt und auf Beutefang geht. Deshalb unser Rat: Immer eine Banane und etwas zum Spielen in der Hosentasche bereit halten.

2. In memoriam Stefan Effenberg

Nach der Saison 2001/2002 hat das Aushängeschild des FC-Bayern-Hasses den Verein verlassen müssen. Wie kaum ein anderer Fußballer verhielt sich das »Enfant terrible« auf und neben dem Rasen arrogant, egoistisch, obszön, herablassend und unfair. Sein Stinkefinger bei der Weltmeisterschaft 1994 steht als Symbol für seinen verachtenden Gestus: Frauen abwatschen, das Publikum anpöbeln, Gegenspieler umtreten.

Lange Jahre durften wir Effenberg, der sich selbst als »eine Mischung von Intelligenz und Frechheit, die irgendwie gut ankommt« betrachtet, als »Star ohne Titel« verhöhnen. Und das wäre auch besser so geblieben, denn die Ehrungen stiegen ihm zu Kopf. Zuviel Ruhm bekommt Menschen einfach nicht, die es an Größe vermissen lassen. Und so war es kein Wunder, dass er bei der Meisterschaftsfeier 1999/2000 die unterlegenen Leverkusener verspottete, weshalb ihn eine Tageszeitung als »kleinen armseligen Versager« betitelte.

Verlieren mochte er nie. Bevor es soweit kam, teilte er lieber mit aller Härte aus. Nicht umsonst zählt er mit drei roten, vier gelb-roten und 104 gelben Karten zu den Rekordhaltern in der Bundesliga. Eine seiner letzten Großtaten: Im Spiel gegen Stuttgart schießt er Balakov »im Luftkampf ab wie der ,Rote Baron' von Richthofen seine Gegner im Ersten Weltkrieg«, wie eine Zeitung schrieb. Der Bulgare musste anschließend mit Prellungen an Rippen, Knie und Wirbelsäule sowie einer Innenbanddehnung ins Krankenhaus. Die Quittung: Unglaublich, aber Effe sah dank des Bayern-Bonus nur Gelb. Nach dem Foul reagierte Effe auf die ihn auspfeifenden Stuttgarter Fans mit einem herablassenden Wink. Den geben wir gerne zurück: Auf Nimmerwiedersehen, Effe!

3. Der neue Effe – Michael Ballack

Als Ballack noch für Bayer Leverkusen kickte, zeichnete er sich dadurch aus, dass er in entscheidenden Momenten versagte: Im DFB-Pokalfinale 2002 war nichts von ihm zu sehen. Ebenso im Champions-League-Finale gegen Real Madrid. Beide Partien gingen für Bayer verloren. Aber was juckte es Ballack? Er hatte seine Erfolgsgarantie schon in der Winterpause unterzeichnet und beim FC Hollywood angeheuert (siehe auch »Transferpolitik: Kaufe deine Feinde!«)

Ballack tritt in die Fußstapfen von Effe, der vor seiner Münchner Zeit auch als »Star ohne Titel« galt und in entscheidenden Spielen abtauchte. Ein kleiner Unterschied zwischen neuem und altem Chef: Ballack zeigte sich bereits bei Leverkusen in einem Entscheidungsspiel, als er die Bayern mit seinem Eigentor in Unterhaching zur Meisterschaft 1999/00 schoss (siehe auch »Die ärgerlichsten Meistertitel»), als braver Hoeneß-Jünger. Allein dafür muss er Stammspieler im Horror-Bayern-Team sein.

4. Der jämmerliche Treter Jens Jeremies

»Ich mache immer das, was mir gesagt wird. Das habe ich im Osten gelernt.«

Jens Jeremies spielt überhaupt nicht Fußball. Er läuft zwar für den Fußball-Club Bayern München auf, doch was er in den 90 Minuten abliefert, lässt sich eher mit Rugby oder Australian Football vergleichen, obwohl man der Gerechtigkeit halber sagen muss, dass in diesen Sportarten die Regeln von den Spielern nicht mit Füßen getreten werden.

Für den Kicker, der nach Ansicht einer Zeitung »mit der zähen Entschlossenheit eines Straßenköters« über den Platz hechelt, scheint Fairness aus dem Wortschatz gestrichen zu sein. Fast jedes seiner Tacklings ist an der Grenze zu einem Platzverweis, von den vorsätzlichen Fouls ganz zu schweigen.

Welche Qualitäten Jeremies auf dem Rasen verkörpert, spüren seine Gegenspieler jede Woche. Ein Highlight seiner Treter-Karriere liefert er am 26. Oktober 1999 im Champions-League-Spiel beim PSV Eindhoven ab: Nach 90 Minuten führen die Holländer verdient mit 2:1. Das Spiel ist eigentlich schon vorbei, als Jeremies seinen Frust und die Wut über das stümperhafte Auftreten seines Teams nicht mehr zügeln kann: Als der Ball längst gespielt war, tritt er mit voller Absicht auf das Knie des am Boden liegenden Arnold Bruggnik, der ihm schutzlos ausgeliefert ist. Die Stollen bohren sich tief ins linke Knie des Holländers, der sich vor Schmerzen krümmt.

Glücklicherweise sieht der englische Schiedsrichter Paul Durkin diese unsportliche Aktion, die eine Fußballkarriere innerhalb von Bruchteilen einer Sekunde hätte beenden können. Er zögert keine Sekunde und zeigt Jeremies die rote Karte. Der hält es nicht einmal für nötig, sich zu entschuldigen. »Es war ein Blackout«, nuschelt er lediglich nach dem Spiel.

Jeremies lässt jeden Gegner über die Klinge springen. In seiner Bundesligakarriere flog der Treter bislang viermal vom Platz – davon kein einziges Mal im Dress der Bayern, sondern dreimal in Diensten der Löwen und einmal bei Dynamo Dresden. Leugnet noch jemand den Bayern-Bonus? Noch nach den übelsten Grätschen und brutalsten Tritten fährt der Nationalspieler seine Gegner an, sie sollten sich nicht so zieren. Wenn jedoch Jeremies angegangen wird, fällt er wie ein morsches Bäumchen: Im Spiel gegen Rostock (Saison 1999/2000, 15. Spieltag) erhält er einen leichten Nasenstüber von Robson Ponte, worauf Jeremies in sich zusammensackt, als hätte ihn gerade der rechte Haken von Mike Tyson getroffen. Ponte sieht Rot. Jeremies darf ungestraft weitertreten, obwohl er den Rostocker provoziert hatte.

5. Libero Firlefranz

Nach dem 11. September war auf dieser Welt nichts mehr so, wie es vorher einmal war. Wie der donnernde Einsturz zweier Hochhäuser sollten Unheil und Dumpfsinn von diesem Tage an die Menschheit stetig bedrohen. Auslöser war die Geburt einer Lichtgestalt im finsteren Giesing, einem Stadtteil von München. Seit 1945 quält dieses Kind des Fußballs als selbsternannter letzter Kaiser Deutschlands die Untertanen mit seiner Existenz.

Als der Sohn eines Postobersekretärs seine Schuhe noch für den SC München schnürte, war die Welt halbwegs in Ordnung. Doch mit dem Wechsel zu den Bayern setzte die Kaiserdämmerung ein. Jeden Tag ein klein wenig mehr. In seinen zahlreichen Audienzen kotzt »der letzte Bolzplatzprimitive«, wie eine Wochenzeitung den Kaiser nannte, seitdem seinen Sprachmüll in das Universum. Unterstützt von einem Heer aus Journalisten, die seine geistigen Bäuerchen als die heilige Botschaft unter das Volk bringen, wurde der Franz aus Giesing zu Kaiser und Gott gekrönt. Hier einige Beispiele aus seiner Offenbarung:

Die Schweden sind keine Holländer, das hat man ganz genau gesehn.

Ich habe in einem Jahr 16 Monate durchgespielt!

Man sollte die Meisterschaft aussetzen, wenn keine Mannschaft 60 Punkte erreicht, und den Titel durch Schafkopfen entscheiden. (Über die magere Bilanz der Spitzenvereine)

Das ist der Kunst der Ärzte zu verdanken. Zu meiner Zeit wäre wohl noch eine Amputation nötig gewesen. (Zur schnellen Genesung von Elber)

Das ist Weltrekord in der Türkei.

Kaiserslautern wird mit Sicherheit nicht ins blinde Messer laufen.

Der Grund war nicht die Ursache, sondern der Auslöser.

Die Löwen werden das Münchner Derby frühestens in hundert Jahren gewinnen. (Kurz vor dem 1:0-Sieg des TSV 1860 München)

Berkant Göktan ist erst siebzehn. Wenn er Glück hat, wird er nächsten Monat achtzehn.

Damals hat die halbe Nation hinter dem Fernseher gestanden. (Nach dem WM-Finale 1990)

Dass die schön eingekleideten Weisheiten des gelernten Versicherungskaufmanns oft blühender Unsinn sind, sagt dem Märchenkaiser keiner. Die Vasallen aus Politik und Medien haben Angst, in Ungnade zu fallen. Auch wenn er nichts zu sagen hat, reicht sein Einfluss dank der treu ergebenen BILD-Brigade nämlich weit ins Volk. Nachdem der Kaiser am Feste anlässlich Christi Geburt eine Untergebene befleckt hatte, drohte ein Schatten auf die Lichtgestalt zu fallen. Monatelang geisterte das Gerücht durch die einschlägigen Medien und wurde schließlich gedruckt. Bevor der Kaiser größeren Schaden nehmen konnte, wusch ihn die sonst so ungnädige und kleinbürgerliche Ansichten publizierende BILD rein. In aller Öffentlichkeit durfte er franzeln: »So groß ist das Verbrechen auch nicht. Der liebe Gott freut sich über jedes Kind.« Und nach ein paar Tagen war der kleine Kaiser vergessen. Der Skandal lag nicht darin, dass BILD sein fruchtbares Auswärtsspiel duldete, sondern in der heuchlerischen Doppelmoral, mit der sie in anderen Situationen über die Urheber solcher Seitensprung-Babies herzufallen pflegt.

Im Zuge der Daum-Affäre sah Firlefranz seinen Jünger Uli vom designierten DFB-Präsidenten Gerhard Mayer-Vorfelder beleidigt, worauf er drohte, sich, respektive den FC Bayern, wegen anhaltender Undankbarkeit aus allen wichtigen Gremien des deutschen Fußballs zurückzuziehen. »Ja, mei, soll er halt, der Franz«, wurde in vielen deutschen Wohnstuben gedacht. Nicht so der »MV«. Der hat lieber ängstlich gekuscht, denn er wollte ja von Kaisers Gnaden zum Nachfolger von Egidius Braun gewählt werden. Dabei hätte MV vor dem Franz nicht zittern müssen. Denn noch weniger als den verfilzten Kandidaten aus Stuttgart hätten die Delegierten des Fußball-Bundestages den arroganten und profitgierigen Bayern-Präsidenten haben wollen.

Als golfspielender Fußballpapst holte der laut BILD die WM 2006 zwar »praktisch im Alleingang« ins eigene Land, doch als Vertreter der dunklen Seite der Macht, der mit jedem im Bunde ist, der irgendwie Macht besitzt, ist er den einfachen Leuten und echten Fußballfans zu weit entrückt. Er macht(e) Werbung für Lancia, Audi, Mitsubishi und Opel, für Heimwerkermärkte, Nahrungsmittel, Telefone und Fenster. Heute für Gott und morgen also für den Teufel. Angeblich aus purer Überzeugung. Wahrscheinlich stimmt das sogar. Der Franz weiß es halt nicht besser.

6. Das Duo »Breitnigge«

»Da kam dann das Elfmeterschießen. Wir hatten alle die Hosen voll, aber bei mir lief's ganz flüssig.« (Paul Breitner)
»Wenn man über rechts kommt, muss die hintere Mitte links wandern, da es sonst vorn Einbrüche gibt.« (Karl-Heinz Rummenigge)

Das »Rotbäckchen« und der exzentrische Querkopf unterschieden sich zwar wie Tag und Nacht, jedoch schossen sie ihren Klub Anfang der 80er Jahre gemeinsam zu zwei Meisterschaften – und beide schlossen daraus, sie müssten das Publikum nach der aktiven Karriere durch eine Tätigkeit in den Medien weiternerven.

Da war zunächst die allzeit treuergebene »Rummelfliege«, über die der Kaiser geurteilt hatte: »Der wird nie einer!« Als Ko-Kommentator ließ er Millionen von Fußballfans leiden. »Entweder sagte Rummenigge nichts oder gar nichts oder überhaupt nichts – oder er sagte einfach das Gleiche wie sein Nebenmann«, schrieb ein Magazin. Eine Kostprobe: »In der Mitte, da sind sie vierbeinig«, urteilte er über die Hintermannschaft Luxemburgs. Und ein andermal konstatierte er einen »verzinkten« Schuß.

Doch es kam noch schlimmer. Der Karl-Heinz aus Lippstadt wurde Funktionär. Als Vize-Präsident des FCB gründete er mit Kollegen aus anderen europäischen Fußballhauptstädten die G14. In dunklen Hinterzimmern wird seitdem bei Champagner und Kaviar überlegt, wie man aus den Verbänden, den Medien und natürlich den Zuschauern noch mehr Geld herauspressen kann. In aller Öffentlichkeit präsentiert er sich natürlich ganz bayernschlau als Anwalt der kleinen Leute und meckert über die geheimen Vereinbarungen.

Auf der anderen Seite sorgte der unbequeme Rebell Paul Breitner bei dem Klub, den er einmal despektierlich als »Scheißverein« bezeichnet hat, für Dampf. Hätte er öffentlich eingestanden, dass seine Zeit bei den Bayern ein Fehler war, und wäre er nicht nach seinem Zwischenspiel bei Real Madrid und Eintracht Braunschweig zurückgekehrt, hätte sich Daum durchaus überlegen müssen, ihn in das glorreiche Aufgebot der Lederhosen-Auszieher zu berufen. Doch ein Breitner lässt sich nur allzuleicht kaufen: »Ich bin knallharter Profi, und für Geld spiele ich überall.« Mit seinem Vorhaben, eine offizielle Funktion im Vorstand des »Scheißvereins« zu bekleiden, hat er das wieder eindrucksvoll bewiesen. Allerdings wollte den Querulanten erst der Hoeneß nicht haben, und später scheiterte die Rückholaktion an Widerständen im Verein.

Mit Freude goutieren die Bayern-Hasser, dass der Verschmähte seit dieser Zeit seinem Verein als Kolumnist und Kritiker immer wieder heftig ans Bein pisst. In der letzten Spielzeit merkte er zur Winterdepression beim FC Bayern an: »Nach dem Schalke-Spiel hieß es immer nur, man sei körperlich nicht fit und habe Angst. Das habe ich seit 36 Jahren nicht mehr gehört.« Und über Effenberg wusste er: »Effe ist ein Pseudo-Regisseur. Ein echter Klassemann braucht nicht sieben Spiele, um seine Klasse wieder zu finden. Der braucht nur ein Spiel.« Gut gebrüllt, Löwe. Trotzdem in die Horror-Elf.

7. Sebastian Deisler

Der Transfer Sebastian Deislers von Berlin nach Bayern war eine Meisterleistung im Tarnen und Täuschen (siehe auch »Transferpolitik: Kaufe deine Feinde!«). Die Hertha-Fans, die ihren einstigen Liebling nach Bekanntwerden des Geschäfts folgerichtig auspfiffen, werden seine Aufstellung im Horror-Team am besten verstehen.

Zum Pfeifen bot Deisler den Fans allerdings kaum Gelegenheit, da er in der Saison 2001/02 mehr Zeit in der Reha schwitzte als auf dem Platz. Als Langzeitverletzter bläst Deisler in München ein kalter Wind ins Gesicht. Bald schon wird er das Etikett »Fehleinkauf« tragen.

Deislers Karriere endet – wie es sich für ein hoffnungsvolles deutsches Mittelfeldtalent gehört – auf der bayerischen Ersatzbank.

Der junge Mann passt nicht nach München: Er mag keine Schicki-Micki-Bars und will eigentlich nur Fußballspielen, sagt er.

Beide Wünsche gehen in Bayern nicht in Erfüllung. Bald stürzt sich der Grünschnabel mit Oliver Kahn und dessen Ausgehkluft – einer Art Bomberjacke in Gold – ins Münchner Nachtleben und bezahlt in Aufschneider-Diskos die Cocktails für Promi-Miezen. Dann dichten ihm die Boulevardzeitungen eine Affäre mit Maren Müller-Wohlfahrt an, weil Basti in der Praxis ihres Vaters als Stammgast verkehrt. Schließlich langweilt sich Sebi so sehr, dass der Stylist des Bayern-Merchandising-Katalogs ihm auch privat täglich verschiedene Frisuren und Bärte stylen muss. Am Ende gibt Deisler in Männermagazinen politische Interviews und fliegt wegen der Forderung »Die Nackten im Englischen Garten müssen aus der Sonne in den Schatten verlegt werden« aus dem Hitzfeld-Kader.

Entweder schafft Basti bald wieder den Absprung, oder er wird wie Sterni auf der Tribüne schmoren, bis alle Spielfreude verdampft ist.

»Ich habe mehr Körper als alle anderen. Nur den habe ich eingesetzt.«
Immer wenn Carsten Jancker seine 93 Kilo über den Fußballplatz wuchtete, Gegenspieler aus dem Weg rammte und den Ball durch den Strafraum stolperte, schrieen die Bayern-Anhänger etwas vom Fußballgott. Einerseits eine Fußballgotteslästerung, da Janckers Spielweise ungefähr so viel göttlichen Glanz ausstrahlt wie seine Glatze. Andererseits berechtigt, da der FC Duselsieg bekanntlich den besten Draht zum Allmächtigen hat. Jancker, die fleischgewordene Brechstange, wurde bei seinen Stolper-Soli für den FC Bayern jedenfalls vom Glück verfolgt wie kein anderer.
Der 1,93 Meter lange Rammbock traf von 1996 bis 2002 in 142 Bundesligaeinsätzen 48-mal für den FC Bayern. Rätselhaft, warum die Schiedsrichter den Rumpel-Stürmer so selten zurückpfiffen. Schätzungsweise der Hälfte der Treffer gingen Stürmerfouls voran, der anderen Hälfte Freistöße aufgrund von Janckers Schwalben. Janckers plumper Standardtrick ist leicht zu durchschauen: einhaken, hinfallen und den Gegenspieler dabei mit zu Boden reißen. Auf diese unfaire Art räumt Jancker Abwehrspieler aus dem Weg und schindet Freistöße. Im Viertelfinalspiel der Champions-League 1999 in Kaiserslautern wendete Jancker seine feine Technik bereits nach sieben Minuten gegen Janos Hrutka an. Anstatt Stürmerfoul gab es Elfmeter und Rot für den Verteidiger. Die Bayern schafften es dadurch bis ins Finale. Nach der Mutter aller Niederlagen gegen Manchester heulte Jancker wunderbar herzzerreißend. Dafür danken wir ihm und entkräften damit seine Befürchtung: »Bei mir wird nur alles Negative gesehen.«
Abgesehen von unzähligen Wutausbrüchen gegen die Schiedsrichter verabschiedete sich Jancker im Dezember 1997 nach einer 0:2-Schlappe auf dem Betzenberg mit dem Effe-Finger. Schon als Verlierer unausstehlich, zeigte Jancker im Dezember 2000 beim Heimspiel gegen Leverku-

sen, dass er ein noch ätzenderer Gewinner ist. Nach seinem Treffer zum 1:0 in der fünften Minute rannte er mit geballter Faust macht- und siegestrunken auf den Bayer-Trainer zu und brüllte ihm »Vogts, du Arschloch!« ins Gesicht.

1997 empfahlen ihm die Bayern-Bosse zur Imagepolitur eine andere Frisur. In München hatten einige Bayern-Fans den Skinhead-Spieler mit dem Schlachtruf »Carsten Jancker, unser Führer!« gefeiert. Gerüchte über eine rechtsradikale politische Gesinnung hat Jancker abgestritten. Im März 2001 drängte ihn die Bayern-Führung ins ZDF-Sportstudio, wo er klarstellte, dass er keinen Kontakt zu Neonazis habe und rechtsextreme Gewalt verabscheue.

Trotzdem lief Jancker weiter als Skinhead über den Fußballplatz und spielte wie ein zweibeiniger Baseballschläger. Seinen Ruf als Stürmer verdankte Jancker einer seltsamen Lobhudelei, beispielsweise durch Paul Breitner. Der Bayern-Experte verwechselte Jancker mit Jan Koller und sagte, er sei ein »weißer glatzköpfiger Brasilianer«. Vielleicht nennt Breitner den hüftsteifen Effenberg auch »Münchens Maradona« oder Oliver Kahn einen »lässigen, ausgeglichenen Typ«.

9. »Kleines dickes« Gerd Müller

Die Nummer neun im Horror-Bayern-Kader haftet Gerhard Müller an. Er ist fraglos der erfolgreichste Torjäger aller Zeiten. Nicht umsonst trägt Müller den Spitznamen »Bomber der Nation«. Denn wenn der gedrungene bayerische Fußballer etwas konnte, dann war das Toreschießen — meint man zumindest. Es gibt jedoch eine Distanz, aus der er häufig scheiterte: aus elf Metern. Von 63 Strafstößen »müllerte« er immerhin zwölf daneben — Bundesligarekord.

Leider traf er aus dem Spiel heraus viel zu oft. Egal ob er im Stehen, im Liegen oder im Sitzen, am Fuß, am Kopf, am Po oder am Bauch angeschossen wurde, der Ball fand eigentlich immer den Weg ins Tor. Seine Torrekorde sind wohl für die Ewigkeit: Die 68 Treffer in 62 Länderspielen dürften genauso wenig wie seine 365 Bundesligatore in 427 Ligaspielen jemals übertroffen werden.

1964 wechselte Müller vom schwäbischen Amateurligisten TSV Nördlingen zum überheblichen FC Bayern München, der sich im Rennen um »kleines dickes Müller« (Bayern-Trainer Tschik Cajkovski) gegen den Lokalrivalen TSV 1860 München durchsetzte.

Eigentlich ist der Müller Gerd ein sympathischer Typ, der das Kartenspielen dem Golfen und das Familienleben der Münchner Schickeria vorzieht. Doch gerade er war es, der die Bayern durch seine Treffer zu jenem Ungetüm werden ließ, das die Fußballwelt tyrannisiert.

Die Zeugenaussage des Kaisers klagt Müller an: »Vielleicht wären wir ohne Gerd Müller und seine Tore noch immer in unserer alten Holzhütte an der Säbener Straße.« Fußballdeutschland wird es nie erfahren. Deshalb sitzt er neben den anderen üblichen Verdächtigen auf der Anklagebank.

10. Lodda

»Lothar soll den Mund halten. Er hat den Fußball auch nicht erfunden.« (Giovanni Trapattoni als Coach von Inter Mailand über Matthäus) Lodda ist nach 302 Bundesligaspielen für den FC Bayern (162 für Borussia Mönchengladbach) das Symbol des Bayern-Hasses schlechthin: maßlos selbstüberschätzend, unfähig, Kritik zu ertragen, und in jedes Mikrofon den größten Unsinn plappernd. Die Bunte überschrieb ein Lodda-Porträt treffend »Fettnäpfe sind sein Leben«.

Die Rotterdamer Tageszeitung NRC Handelsblad kommentierte über den Paradebayern: »Matthäus strahlt alles aus, was Niederländer an Deutschen hassen.« Dabei verschwiegen die Holländer sogar noch, dass Matthäus alles ausstrahlte, was Fußballfans weltweit am FC Bayern hassten.

Der fränkische Dampfplauderer sorgte mit seinen teils peinlichen, teils größenwahnsinnigen und gefährlichen Ausfällen ständig für Stoff in der Klatsch-Presse. 1993 beschimpfte Lodda einen Gast auf dem Oktoberfest, weil dieser es wagte, den Star mit der Videokamera zu filmen. »Ach was, auch noch Holländer«, pöbelte der Weltmann, »das sind sowieso alles Arschlöcher.« Geschickt nutzte Lodda seine Vorbildfunktion zur Völkerverständigung und sagte zum Hobbyfilmer: »Du bist wohl vergessen worden vom Adolf.« Später konnte sich Lodda »nicht mehr so richtig erinnern«. Kaum einen Monat später bezirzte Lodda die Damen der deutschen Basketball-Nationalmannschaft mit seinem Charme. »Ey, Mädels, unser Schwarzer hat den Längsten!« rief der Weiberheld rassistisch, denn er meinte seinen kolumbianischen Teamkollegen Adolfo Valencia. Dass Lodda insgeheim mit der eigenen Penislänge haderte, dafür spricht ein Satz von TV-Kommentator Jörg Dahlmann, der nach Matthäus' Abschiedsspiel in München wissend sagte: »Da geht er, ein großer Spieler. Ein Mann wie Steffi Graf!«

Zur Verbreitung seiner wahnsinnigen Gedanken entwickelte Lodda eine Sprache, die alle abgehobenen Bayern-Stars sprechen. Ein typischer Satz aus dem Matthäus-Evangelium lautet: »Ein Lothar Matthäus gibt nie auf.« Das Sprechen über die eigene Person, als sei sie etwas Anderes, Höheres – diesen Stil beherrschen alle Bayern-Profis. Ein Oliver Kahn, ein Stefan Effenberg oder ein Michael Ballack hören sich so gerne reden, dass sie beim Sprechen in die Rolle des Zuhörers schlüpfen, um sich intensiver bewundern zu können.

— »Ein erfolgreicher Lothar Matthäus hat Vorbildfunktion. Er ist interessant.«

— »Natürlich kann man von einem Lothar Matthäus mehr erwarten.«

— »Ein Lothar Matthäus spricht kein Französisch.«

— »Ein Lothar Matthaus läßt sich nicht von seinem Körper besiegen, ein Lothar Matthäus entscheidet selbst über sein Schicksal.«

— »Jens Jeremies erinnert mich an den jungen Lothar Matthäus.«

Auf dem Feld redete Lodda kaum weniger – mit den Schiedsrichtern, die dem Methusalem am Ende seiner Karriere alles durchgehen ließen und auch die kleinsten Fouls gegen ihn drakonisch bestraften, mit den kuschenden Mitspielern, den Gegnern und den Fans. In Köln beispielsweise brüllte Lodda im Oktober 1996 das Publikum an, das ihn mit Apfelresten bewarf: »Ihr habt wohl zu Hause nichts zu fressen!« Den Ordnern befahl er: »Haut denen was auf die Fresse!«

Obwohl Lodda inzwischen bei Rapid Wien seine Unfähigkeit als Trainer bewiesen hat, besteht weiter Gefahr. In einem Interview im März 2000 drohte er: »Bundestrainer – das reizt mich erst in drei, fünf oder zehn Jahren. Vielleicht. Zutrauen würde ich mir das schon.«

11. Giovane Elber

»Ich habe schon gedacht: Wie kann ich so eine Scheiße spielen?« (Giovane Elber)

Hätte er bloß niemals den roten Dress übergestreift, er wäre ein prima Kerl und exzellenter Fußballer geblieben. In drei Jahren beim VfB Stuttgart von 1994 bis 1997 schoss Elber in 87 Bundesligaspielen 41 Tore. In seiner letzten Saison faszinierte er zusammen mit Krassimir Balakov und Fredi Bobic als Goalgetter des »magischen Dreiecks«, das durch den Wegkauf des Brasilianers von den Bayern zerstört wurde.

Danach entwickelte sich Elber zum erfolgsbesessenen Bayern-Star, dem Titel wichtiger sind als Spielfreude, der sich durch rüde und versteckte Fouls durchsetzt, mit Schwalben auf sich aufmerksam macht und durch mediengerechte Showeinlagen alle Sympathien verspielt. Elbers Hang zu schlechten Witzen und albernen Gesten, gepaart mit der Bereitschaft, sich den Publikumswünschen ständig anzupassen, machen ihn zum Roberto Blanco des Fußballgeschäfts. In fünf Jahren Bundesliga beim FC Bayern lief Elber 139-mal im verhassten Rot auf und erzielte 69 Tore.

Elbers Selbstverleugnung zugunsten der bayerischen Meister- und Rotationsmaschine geht so weit, dass er seine frühere spontane, teilweise genial verrückte Spielweise in Frage stellt: »Bei mir war zu viel Spaß dabei«, verriet er dem Kicker. Die Verwandlung vom Lustfußballer zum Rädchen in der Bayern-Maschine führt so weit, dass er wahrscheinlich der einzige ist, der den Abgang des Tigers Effenberg bedauert: »Mir wäre lieber gewesen, er wäre noch ein oder zwei Jahre hier geblieben. Die Zeit mit ihm war genial.«

Am 6. Spieltag der Saison 2001/2002 machte Elber mit einer bescheuerten, aber kamerawirksamen Aktion auf sich aufmerksam. Nach seinem Treffer zum 1:0-Sieg über Freiburg (in der 90. Minute, versteht sich) rannte Elber andächtig durchs Olympiastadion und formte mit den Händen eine Figur, die eine Friedenstaube darstellen sollte. Harald Schmidt, der nach den Anschlägen am 11. September zwei Wochen lang nicht auf Sendung gehen durfte, bemerkte in seiner Show zu dieser Geste: »An dem Tag, an dem Elber uns mit dieser Geste gequält hat, da dachte ich schon, es wird Zeit, dass wir wieder kommen. (...) Ich dachte: ›Aaaah, lass mich von der Kette!‹«

Die Stammkundschaft des FC Bayern oder: Götzendienst an den Kotzbrocken

Wieso wird man Bayern-Fan? Die Frage macht uns ratlos, die Zahlen betroffen: Mehr als 90.000 Mitglieder und rund 1800 Fanclubs mit 120.000 Bayern-Anhängern hat der unsympathischste Fußballklub der Welt. Doch es kommt noch schlimmer: In einer Studie von 1994 gaben 13,2 Millionen Deutsche an, Fußballfan zu sein; 4,1 Millionen bekannten sich zum FC Bayern. Wenn Rummenigge seine Bayern AG darstellt, rechnet er sogar mit 10 Millionen Anhängern.

Diese übertriebenen Zahlen beruhen allerdings auf einem Irrtum. Die große Mehrzahl der Menschen, die sich zum FC Bayern bekennen, sind keine Fans, sondern Fernseh- und Show-Konsumenten. Für sie ist Bayern die erste Wahl, weil das Produkt ihre oberflächlichen Bedürfnisse am besten befriedigt: Die überragende Präsenz von Beckenbauer, Hoeneß oder Kahn im Jubel-Fernsehen, die große Auswahl an Bayern-Fanartikeln und der Glaube an den Glanz der zahllosen Bayern-Trophäen lassen das Preis-Leistungs-Verhältnis günstig erscheinen.

Der Schickeria-Verein zieht außerdem eine große Zahl von Prominenten an. Die verstehen zwar wenig vom Fußball, lassen sich aber gern auf der Ehrentribüne blicken. Die Kameras der Fernsehsender übertragen dann so wichtige Ereignisse wie Boris Beckers Gähnen, Thomas Gottschalks In-der-Nase-Bohren oder Wolfgang Schäubles Husten. Auch Harald Schmidt, Michael Schumacher und Steffi Graf zählen zu den Schickeria-Fans.

In der Mehrzahl der Fälle ist es eine billige, leidenschaftslose und charakterschwache Entscheidung, die Bayern zu seinem Lieblingsklub zu küren. Sie kostet vielleicht ein paar Euro jährlich für die neusten Home-, Away-

und Champions-League-Trikots, für die Bayern-Bettwäsche und für die Schirmmütze, vielleicht auch für den Bayern-Haussender Premiere. Doch sie kostet keine Mühe, keine Schmerzen, keine Hingabe. Ein typischer Bayern-Fan kennt nicht das Gefühl der Verzweiflung, wenn sein Klub mit dem Rücken zur Wand steht. Er schleppt sich nach einem verlorenen Spiel nicht wie gelähmt zur Arbeit. Er grübelt nicht permanent über das drohende Aus.

Der Bayern-Fan liebt die Bequemlichkeit. Er darf sich sicher sein, rundum versorgt zu werden – mit Klatsch, Stars und Trophäen. Wer sich für den FCB entscheidet, wählt den Weg des geringsten Widerstandes. Er scheut das Risiko, enttäuscht zu werden, und hasst es zu verlieren. Kinder, die nach einer verlorenen Partie »Mensch, ärgere dich nicht!« wutentbrannt das Spielbrett vom Tisch fegen, werden Kunden der Bayern.

Wenn es einmal schlecht läuft für den FCB, dann mutieren seine Fernsehfans zu kleinen Hoenessen und Kahns. Eine Niederlage empfinden sie als Beleidigung, die sich am Ende rächen wird. Der Bayern-Fan fühlt sich überlegen. Er kopiert die Arroganz seines Lieblingsvereins: Ernsthafte Schäden sind auch nach einer Niederlagenserie ausgeschlossen, die anderen Vereine sind sowieso zu dämlich, und wenn Bayern nicht in diesem Jahr Meister wird, dann halt im nächsten.

In Diskussionen mit einem Bayern-Fan kommt früher oder später der Konter: »Du bist ja nur neidisch.« Eine absurde Behauptung, die nichts weiter bloßstellt als das Konsumenten-Verständnis eines Bayern-Fans. Neidisch kann man auf etwas sein, das ein anderer hat und das man sich selbst nicht leisten kann. Auf die Villa des Nachbarn etwa.

Ein Bayern-Fan versteht nicht, dass man sein Herz einem Verein schenkt, der schlechtere technische Daten hat als das Zum-Halse-Raushängeschild des deutschen Fußballs. Ein Fußballfan denkt aber nicht an diese Daten, er vergleicht nicht die Zahl der Titel, und er bewundert nicht die Rekorderlöse seines Vereins. Denn ein echter Fan handelt leidenschaftlich. Er ist wie ein Verliebter, der auch mit einer grauen Maus das glücklichste Leben führen kann. Kein Fan würde auch nur eine gute Saison seines Lieblingsvereins –

nicht einmal ein einziges gewonnenes Spiel – gegen zehn Meisterschaften der Bayern eintauschen.

Für den Großteil der Bayern-Kundschaft ist das unvorstellbar. Für die ist nur der Erfolg sexy. Wenn ihr Klub einmal nicht um die Meisterschaft spielt, erlischt das Interesse. Für den Bayern-Fan ist Platz zwei eine Enttäuschung, eine Finalteilnahme wertlos und jedes Unentschieden eine Niederlage. Welcher Fan könnte darauf neidisch sein?

Der FC Bayern ist ein professionell geführtes Unternehmen ohne Charme. Er ist umgeben von einer Aura der Macht und Überlegenheit. Die Klub-Zentrale an der Säbener Straße sieht aus wie geleckt und erinnert an den Stammsitz einer Immobiliengesellschaft. Wer diesem Klub verfallen ist, wird nicht beneidet, sondern verdient unser Mitleid.

Die Handvoll leidenschaftlicher Fans des FC Bayern werden von der Vereinsführung behandelt wie Dreck am Ärmel. Hoeneß beschwerte sich im ZDF-Sportstudio über die eigene Fangemeinde, die nur spärlich die Spiele im Winter besuchte, und sagte süß-sauer lächelnd: »Unsere Fans kommen eh nur bei schönem Wetter.« Die wenigen treuen Bayern-Fans himmeln einen Klub an, der genauso gut ohne sie leben könnte. Sie sind das hässliche Entlein an der Seite eines verzogenen Supermodels.

Das Gros der Bayern-Fans ist für die Vereinsführung viel wichtiger als die wenigen Engagierten. An einer zu großen Zahl von Dauerkarten-Inhabern ist kein Bayern-Boss interessiert. Die flüchtige Laufkundschaft ist es, die das Geld in die Kassen spült. Der FC Bayern lebt von seinen Fernsehfans, die im Online-Shop eine FCB-Armbanduhr bestellen. Er lebt von den Busladungen, die sich allwöchentlich durch die Münchner Fußgängerzone quetschen und auf dem Weg ins Stadion einen rot-weiß-blauen Schal kaufen.

Es ist ein Irrtum, dass Bayern ein Münchner Großstadt-Verein sei. Die Stadt ist fest in Löwen-Hand. Im Durchschnitt legt ein Bayern-Fan 220 Kilometer auf der Autobahn zurück, um zu einem »Heimspiel« zu fahren.

Trotzdem kennen die Bayern-Fans sich nicht gut in der Geographie jenseits des Weißwurstäquators aus: Das Programmheft Bayern-Echo schrieb vor einem Auswärtsspiel bei Werder Bremen: »Jetzt fahren wir selbstbewußt an die Ostseeküste.«

1997 waren nur 1,8 Prozent der deutschen Bayern-Fanklubs in München ansässig. Der überwiegende Teil ist im ländlichen Osten und Norden Bayerns beheimatet. Ungefähr die Hälfte aller Bayern-Fans lebt außerhalb des Freistaats. Fern der bayerischen Heimat unterstützen die Diaspora-Fans ihre Mannschaft bei Auswärtsspielen oft lauter als bei den Heimspielen.

Das ist keine große Kunst. Langweiligere Fans als die des FC Bayern im Olympiastadion sind kaum vorstellbar. Woche für Woche muss die Anzeigetafel die Luxusfans zum Klatschen auffordern. Niemals springt der Funke von den Rängen auf den Rasen über. Die Erfolgsfans kommen erst dann in Fahrt, wenn sie sich an ihrer Überlegenheit laben können und es schon nach zwanzig Minuten 3:0 steht. Die Bayern-Fans scheinen genauso viel Spaß am Erfolg ihres Klubs zu haben wie am Leid der Gegner. Wer die Folter durchstehen musste, den letzen Spieltag der Saison 2000/01 mit Bayern-Fans zu erleben, der wird es wissen: Die Häme über die sich zu früh freuenden Schalker war größer als die Freude über den x-ten Dusel-Titel.

Dass die Bayern-Fans Spezialisten in der Gegner-Beleidigung sind, zeigten sie auch 1997 im Auftaktspiel der Champions League. Der Gast des Weltvereins hieß Besiktas Istanbul, und die Bayern-Fans begrüßten das Team und seine Anhänger damit, dass sie Aldi-Tüten in die Höhe reckten. Die Wand aus Hunderten von Plastiktüten in der Südkurve wurde von einem 15 Meter langen Transparent auf der Haupttribüne unterstützt, auf dem »Aldi grüßt Kunden« stand. Die Aktion sollte die zahlreichen Türken verhöhnen, die in München leben und sich das Spiel ansahen. Ein billiger und ausländerfeindlicher Gag, den die Fans von Borussia Dortmund einige Wochen später im Westfalenstadion konterten, indem sie den Bayern Lidl-Tüten präsentierten. In Köln protestierten die Zuschauer unter dem Motto »Auch wir kaufen bei Aldi« gegen die Aktion der Bayern-Fans.

Die Sittenwächter im Olympiastadion haben nichts gegen Aldi-Plastiktüten einzuwenden, verbieten den St.-Pauli-Fans aber, ihre Totenkopffahnen zu schwingen. 1989 mussten die Hamburger ihre Fahnen an den Stadiontoren abgeben. Jahre später sollten die Paulianer auf Befehl der Ordner ihre Pullover mit dem gottlosen Symbol links herum tragen. »Im Freistaat Bayern«, erklärte der Fan-Betreuer Aumann, »herrschen nun mal andere Regeln und Richtlinien.«

Der selbsternannte Weltverein und seine Fans aus der Provinz bestehen aber gern darauf, dass sie bei ihren internationalen Auftritten die Rückendeckung der gesamten Nation erhalten. Wenigstens in der Champions-League – so schallt es aus den Fernsehgeräten – muss sich auch der ärgste Bayern-Hasser zusammenreißen und im nationalen Interesse Daumen drücken.

Unser Bekenntnis: Auch dort jubeln wir konsequent für den Gegner. Wir sind schließlich Europäer und wollen uns nicht freuen, wenn der FC Bayern seine in der Champions League erwirtschafteten Millionen für das Aufkaufen der Bundesliga benutzt. Die bayerischen Erfolge sind mitnichten »gut für den deutschen Fußball«, wie es immer unwidersprochen heißt. Bayerische Erfolge im Europapokal führen nur dazu, dass sich die ohnehin selbstbewussten Bayern-Akteure und ihre langweiligen Fans bis zum Platzen aufplustern.

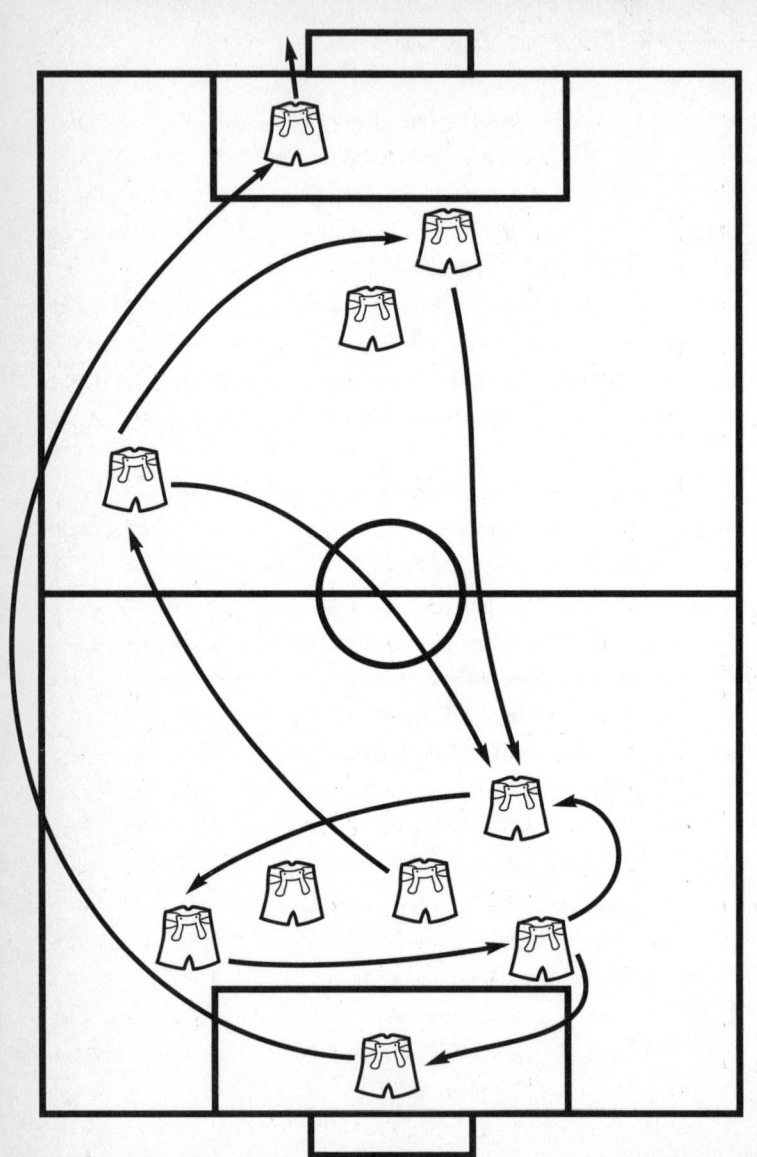

Verdienstvolle Bayern-Trainer

Immer wieder lehnten sich eingeschmuggelte Trainer, die äußerlich gesehen im Dienste der Bayern standen, gegen die dunkle Macht in München auf. Ihre Mission: die Bayern ins Chaos und in die Niederungen der Tabelle stürzen. Leider wurden sie bisher immer zu früh erwischt und ihres Amtes entbunden, bevor das Ziel erreicht war.

Am erfolgreichsten versahen Georg (Schorsch) Knöpfle und Jakl Streitle in der Saison 1954/55 ihren Dienst, als die Bayern am Ende auf dem 16. und letzten Platz der Oberliga Süd landeten. In den letzten zehn Spielen dieser Saison waren die Bayern besonders gut vom Coach eingestellt: Sie holten einmalige 2:18 Punkte.

Verdienste erwarb sich auch Udo Lattek. Gut, Bayern-Hasser verbinden mit Lattek vor allem glorreiche Zeiten für den FCB. Doch zum Ende seines ersten Engagements Mitte der 70er Jahre führte er sein Ensemble in der Spielzeit 1974/75 in die Nähe der Abstiegszone. Neben dem sportlichen Niedergang führte Lattek den Verein, der ein Aushängeschild der besseren Gesellschaft sein wollte, auch in der Öffentlichkeit vor: In Liechtenstein warf er die Besitzerin eines Hotels in den Pool, und in einem Hotel bei Düsseldorf verzierte er ein in der Empfangshalle angebrachtes Relief mit Obst. Bayern-Präsident Neudecker rügte seinen Trainer immer wieder wie einen Schulbuben: »Halten Sie den Mund, sonst schicke ich Sie nach Hause.« Und Lattek zahlte es dem Verein mit Niederlagen heim: Die 0:1-Pleite beim Hamburger SV im Dezember 1974 war die letzte, die er zu verantworten hatte. Am 2. Januar 1975 flatterte Lattek die fristlose Kündigung ins Haus.

Kaiser Franz schickte Lattek einen Abschiedsgruß hinterher: »Lattek war bei uns nur der Kofferträger, der hat doch nie den Mund aufgemacht beim Vorstand.« Das war's, dann kam Dettmar Cramer. Der führte sich gut ein und verhinderte in den ersten sieben Spielen einen Sieg. Geschickt schob

Cramer alles auf das Team: »Ihr seid eine sterbende Mannschaft!« Doch dann geriet der »Napoleon« selbst ins Schussfeld, weswegen er noch schnell den Europapokal der Landesmeister einfuhr. In der Saison 1975/76 ließ Cramer die Bayern oben mitspielen. Am Ende bremste er sie auf Platz drei hinter dem Hamburger SV und Meister Gladbach, der von Udo Lattek (hä, hä) trainiert wurde.

Die Saison 1977/78 war die beste für Bayern-Hasser in der Bundesliga-Geschichte dieses Vereins. Hätte »Napoleon« am 1. Dezember 1977 nicht seine Koffer packen müssen, vielleicht wäre ihm die Vollendung seiner Arbeit gelungen. So konnte er sich nur mit einer einmaligen Serie von fünf Niederlagen in Folge (darunter das 1:3 gegen den abgeschlagenen Tabellenletzten und Stadtrivalen TSV 1860 München, der seinen ersten Sieg einfuhr) und das Abrutschen auf einen Abstiegsplatz verabschieden. Das Maß war voll und das Gelächter groß, als der Renommierverein innerhalb von vier Tagen zweimal (einmal in der Bundesliga und einmal im Achtelfinale des Uefa-Cups) gegen Eintracht Frankfurt im Waldstadion mit 0:4 verlor. Dann tauschten die Bayern mit der Eintracht den Trainer und holten Gyula Lorant.

Auf Lorant folgte Pal Csernai, auf Csernai folgte Reinhard Saftig, auf Saftig wieder Udo Lattek. Bis zu dessen Rückkehr holten die Bayern wenigstens erfreulich wenige Titel. Der »Kofferträger« fand jedoch nicht mehr zu seiner überragenden Form aus den 70ern. Die Bayern-Hasser mussten ihre Hoffnungen selbst ertränken, da der Klub in der zweiten Hälfte der 80er Jahre einen Titel nach dem anderen zugespielt bekam.

Erst Anfang der 90er Jahre keimte wieder Hoffnung auf. Die 177. Entlassung in der Bundesliga-Geschichte hatte am 8. Oktober 1991 Jupp Heynckes getroffen. Fünf Jahre hatte er zuvor im Stillen an der Zerstörung des Mythos gearbeitet. Während er in der ersten Saison mit der Vizemeisterschaft zumindest einen kleinen Erfolg verbuchen konnte, musste seine Arbeit in den folgenden zwei Jahren schwere Rückschläge hinnehmen. Die Bayern-Elf und ihre Gegner machten trotz klarer Anweisungen einfach, was sie wollten. Das Ergebnis: zwei Titel. Mit dem Beginn der 90er

Jahre lief es wieder besser für Jupp: 1990/91 wurden die Bayern mit drei Punkten Rückstand auf Lautern wieder nur Zweiter.

Und dann kamen mit der Saison 1991/92 die Sternstunden des Jupp H. Den Abwehrstabilisator Klaus Augenthaler hatte er in Rente geschickt – ein Plan, der funktionieren sollte. Bis zu seiner Entlassung verloren die Bayern in zwölf Bundesliga-Partien viermal (daheim gegen Rostock 1:2, daheim gegen Bochum 0:2, beim HSV 0:1, daheim gegen die Stuttgarter Kickers 1:4). Ergebnis: Platz zwölf. Außerdem schaffte er noch das Pokal-Aus durch eine 2:4-Heimniederlage gegen den Zweitligisten aus Homburg.

Jupp Heynckes wurde durch Sören Lerby ersetzt, der allerdings seine Qualitäten nur kurz unter Beweis stellen durfte. Am 11. März 1992 wurde er als siebter Trainer in der Bundesliga-Geschichte der Bayern vorzeitig entlassen und durch Erich Ribbeck ersetzt. Immerhin hat Lerby sechs Niederlagen in der Bundesliga (darunter ein 0:3 daheim gegen Dortmund, ein 3:4 daheim gegen Bremen und ein 0:4 in Lautern) und das 2:6-Debakel der Bayern im Uefa-Cup bei B 1903 Kopenhagen zu verantworten. Trotz des kurzen Gastspiels genug Gründe, ihn nicht zu vergessen und ihm im Geiste ein Denkmal zu errichten.

Der Dritte im Bunde, der die Bayern in der Saison 1991/92 in den unteren Regionen der Tabelle hält, ist Erich Ribbeck. Der »Sir« tritt am 12. März 1992 seinen Dienst an. Er bleibt 22 Monate an der Isar und wird schließlich von der »Lichtgestalt« namens Kaiser Franz vertrieben. In die Annalen des Vereins ging vor allem die Saison 1992/93 ein, als Ribbeck die Bayern an der Nase herumführte. »Ich muss nicht Meister werden«, hatte er vor der Saison gesagt. Doch keiner wollte es ihm glauben, zumal der FCB 32 Spieltage Tabellenführer war. Mit einer 2:4-Niederlage in Karlsruhe und einem 3:3 auf Schalke reißt der »Sir« das Ruder im letzten Moment noch herum. Mit einem Punkt Rückstand werden die Münchner nur Zweiter hinter Werder Bremen.

Das Gastspiel von Giovanni Trapattoni in der Saison 1994/95 war auch nicht schlecht. Der erfolgreichste Vereinstrainer der Welt führt den Weltverein auf Rang sechs. »Mister Defensive« stellt Torverhinderer wie Papin, Sutter oder Kostadinov auf und lässt 13-mal Unentschieden spielen. Grinsend verabschiedet er sich am Saisonende: Warum die Bayern kein Meister? Nix verstehen Frage! Ciao!

Sein Nachfolger wird Otto Rehhagel. Obwohl der gutmütige König Otto vom Erzfeind Werder Bremen nach München wechselte, zerstoben alle Hoffnungen auf einen geschickten Schachzug der Bayern-Hasser schnell: Mit 21 Punkten in sieben Spielen stellt er einen neuen Startrekord auf. Dann erinnerte sich König Otto wohl an ein Transparent, das ihm enttäuschte Werder-Fans vor seinem Abschied gemalt hatten: »Nur Narren dienen dem Kaiser«. Und ein solcher will der Monarch von der Weser nicht sein. Flugs streut er Sand ins Bayern-Getriebe, das allerdings nur im Pokal (Aus in der 2. Runde gegen Fortuna Düsseldorf) und zeitweise in der Meisterschaft streikt.

Vier Spieltage vor Saisonende und wenige Tage vor dem Endspiel im Uefa-Pokal wird Rehhagel von Beckenbauer wegen »Erfolglosigkeit« geschasst. Welch ein Lob! Der Franz setzt sich gleich selbst auf Ottos Thron. In der Bundesliga coacht der Kaiser schlechter als der König (in vier Spielen nur einen Sieg) und verspielt die Meisterschaft: Am schönsten war die Niederlage im Spiel 1 nach Rehhagel an der Weser, als Bremen mit 3:2 siegt. Werders Hobsch sagte süffisant danach: »Wir haben auch für Otto gespielt!« Hätten doch auch die Bayern im »Cup der Verlierer« für ihren ehemaligen Trainer gespielt. Doch die Bayern-Spieler wurden kollektiv einer Gehirnwäsche unterzogen, um den Rehhagel-Virus zu eliminieren. Die bereits geplante Niederlage gegen Girondins Bordeaux wurde damit leider rechtzeitig verhindert.

Nach Rehhagel gibt noch einmal Giovanni Trapattoni von 1996 bis 1998 ein Gastspiel. Der »Maestro« kann sportlich nicht gerade überzeugen: Lediglich mit der Vizemeisterschaft 1997/98 hinter Aufsteiger Kaiserslautern kann er sich schmücken. Ganz anders sieht es neben dem Platz aus: Nach der 0:1 Niederlage bei Schalke 04 platzt Trapattoni am 12. März

1998 der Kragen. Im Presse-Kabuff des FCB hält der Italiener eine legendäre Rede, die ihren Weg in die deutsche Sprache finden und diese für immer verändern sollte.

»Seit John F. Kennedy (»Ich bin ein Berliner«) hat sich kein Ausländer mehr so vehement in die Herzen aller Deutschen geredet wie Trapattoni« (»Ich habe fertig«), schrieb das Magazin »Der Spiegel« ein Jahr nach dessen »Symphonie willkürlich verketteter Silben«.

Trapattonis Nachfolger Ottmar Hitzfeld konnte bisher in der Liga weder sprachlich noch sportlich überzeugen. Lediglich für den großen Auftritt der Bayern 1999 in Barcelona sollte ihm ein Verdienstkreuz für die dümmste Auswechslung aller Zeiten umgehängt werden. Ein abschließendes Urteil darf jedoch noch nicht gefällt werden: Der Winter 2001 war mit einer Serie von sieben sieglosen Spielen in der Liga sowie des Geständnisses eines Dribblings außerhalb des eigenen Platzes zumindest ein Anfang.

Die Bayern-Trainer in der Reihenfolge ihrer Verdienste um den Verein:

123

Trainer	Spiele	gew.	unent.	verl.	Tore
Lerby, Sören	15	4	5	6	23:23
Saftig, Reinhard	3	1	1	1	7:7
Cramer, Dettmar	101	40	27	34	205:180
Lorant, Gyula	38	16	10	12	71:54
Cajkovski, Zlatko	102	52	18	32	201:143
Ribbeck, Erich	65	31	20	14	137:89
Beckenbauer, Franz	18	10	3	5	34:23
Zebec, Branco	58	32	14	12	117:58
Trapattoni, Giovanni	102	54	33	15	192:112
Heynckes, Jupp	148	82	40	26	303:157
Rehhagel, Otto	30	18	4	8	58:37
Csernai, Pal	147	87	31	29	346:174
Hitzfeld, Ottmar	125	77	24	24	252:112
Lattek, Udo	299	184	68	47	736:343

»Fußball ist immer Ding, Dang, Dong. Es gibt nicht nur Ding.«

»Es gibt im Moment in diese Mannschaft, oh, einige Spieler vergessen ihnen Profi was sie sind. Ich lese nicht sehr viele Zeitungen, aber ich habe gehört viele Situationen: Wir haben nicht offensiv gespielt. Es gibt keine deutsche Mannschaft spielt offensiv und die Namen offensiv wie Bayern. Letzte Spiel hatten wir in Platz drei Spitzen. Elber, Jancker und dann Zickler. Wir mussen nicht vergessen Zickler. Zickler ist eine Spitzen mehr Mehmet e mehr Basler. Ist klar diese Wörter, ist möglich verstehen, was ich hab' gesagt? Danke. Offensiv, offensiv ist wie machen in Platz. Ich habe erklärt mit diese zwei Spieler. Nach Dortmund brauchen vielleicht Halbzeit Pause. Ich habe auch andere Mannschaften gesehen in Europa nach diese Mittwoch. Ich habe gesehen auch zwei Tage de Training. Ein Trainer ist nicht ein Idiot! Ein Trainer sehen was passieren in Platz. In diese Spiel es waren zwei, drei oder vier Spieler, die waren schwach wie eine Flasche leer! Haben Sie gesehen Mittwoch, welche Mannschaft hat gespielt Mittwoch? Hat gespielt Mehmet, oder gespielt Basler, oder gespielt Trapattoni? Diese Spieler beklagen mehr als spielen! Wissen Sie, warum die Italien-Mannschaften kaufen nicht diese Spieler? Weil wir haben gesehen viele Male solche Spiel. Haben gesagt, sind nicht Spieler für die italienischen Meisters.

Strunz! Strunz ist zwei Jahre hier, hat gespielt zehn Spiele, ist immer verletzt. Was erlauben Strunz? Letzte Jahre Meister geworden mit Hamann ...eh... Nerlinger. Diese Spieler waren Spieler und waren Meister geworden. Ist immer verletzt! Hat gespielt 25 Spiele in diese Mannschaft, in diese Verein! Muß respektieren die anderen Kollegen! Haben viel nette Kollegen, stellen sie die Kollegen in Frage! Haben keinen Mut an Worten, aber ich weiß, was denken über diese Spieler! Mussen zeigen jetzt, ich will, Samstag, diese Spieler mussen zeigen mich e seine Fans, mussen allein die Spiel gewinnen. Muß allein die Spiel gewinnen. Ich bin müde jetzt Vater diese Spieler, eh, verteidige immer diese Spieler! Ich habe immer die Schulde über diese Spieler. Einer ist Mario, einer, ein anderer ist Mehmet! Strunz dagegen, egal, hat nur gespielt 25 Prozent diese Spiel!

(Pause) Ich habe fertig.«

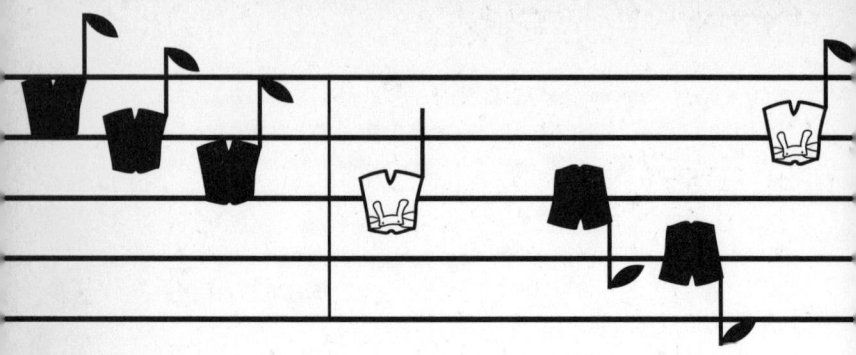

Die schönsten Schmähgesänge

Zieht den Bayern die Lederhosen aus!

Voller Spannung und voller Spaß,
leg ich mich ins grüne Gras.
Es ist Samstag, und wir können feiern,
heute kommt der FC Bayern.
Alle sind hier guter Dinge,
und überall hört man sie singen:
Zieht den Bayern die Lederhosen aus,
Lederhosen aus, Lederhosen aus (zweimal)

Es ist jetzt 15:30,
und die Schiripfeife dröhnt.
Da hör ich, wie von den Bayern
der Meisterruf ertönt.
Doch dann nach 5 Minuten,
oh was für ein Graus,
da ziehn wir schon den Bayern
die Lederhosen aus.
Zieht den Bayern...

Die letzten zehn Minuten,
jetzt müssen wir uns sputen.
Jeder Ball wird applaudiert,
und die Bayern ham schon lange resigniert.
Das Fazit dieses Samstags,
es ist schon kurios:
Die Bayern fahren wieder
ohne Lederhosen los.
Zieht den Bayern...

Bayern hat verloren!

(von: Die Original Deutschmacher / Norbert und die Feiglinge)

Durch München weht ein kalter Wind
Menschen hasten tränenblind
weil sie so verzweifelt sind
in der Stadt herum.

Fahles Licht im Hofbräuhaus
der Wirt schenkt nur noch Dunkles aus
zieht dabei die Stirne kraus
und bleibt einfach stumm.

Sogar den Bäumen hängen die Blätter
schlaff herunter wie Lametta
alle Vöglein singen Moll.

Ganz München beklagt sich
immer wieder und man fragt sich
wie es weiter gehen soll.

Freudentaumel zieht durchs Land
von Nürnberg bis zur Waterkant
alle singen Hand in Hand:
Bayern hat verloren!

Links und rechts und zick und zack
das Münchner Schickeriapack
kriegt endlich wieder auf den Sack,
Bayern hat verloren!

Ganz besonders schön ist
das Gesicht von Uli Hoeneß
»wir war'n ganz klar besser als die!«
Ich denk mir verdrossen
»na, wer hat ihn denn verschossen?»
'76 vergessen wir nie!

Oh, ein leichter Gegner eigentlich
machte die Stars heut' lächerlich
Gerd Rubenbauer ärgert sich,
Bayern hat verloren!

Franz und Ottmar sitzen da
wie ein altes Ehepaar
langsam wird auch ihnen klar
Bayern hat verloren!

Wie Amateure, wie Amateure,
ich mach' die Säge,
Bayern hat verloren!
Wie Amateure, wie Amateure,
Weißwurst macht träge
Bayern hat verloren!

Du bist ein Hoeneß

(von Ingo Appelt)

Beleidigen macht Spaß, Beleidigung tut gut,
jedoch kommt's immer darauf an,
wie man beleid'gen tut.
»Wichser«, »Penner«, »Sackgesicht«
ist freundlich und beleidigt nicht.
»Arschloch«, »Sau« und »Vollidiot«
bringt niemanden in Seelennot.
Will man richtig fieses sagen –
ganz gemein, obszönes
muss man einfach dieses sagen:
»Du bist ein Hoeneß!«

»Du bist ein Hoeneß!«
»Du bist ein Hoeneß!«
Das ist das Schimpfwort der Saison.
»Du bist ein Hoeneß!«
»Du bist ein Hoeneß!«
Hoeneß ist das Ekel der Nation.
»Du bist ein Hoeneß!«
»Du bist ein Hoeneß!«
Ich schimpf, ich schrei, ich stöhn es:
Hoeneß, Hoeneß, Hoeneß
Das ist das Schimpfwort der Saison.

Wenn du erstmal Hoeneß bist,
dann wirst du richtig angepisst.
Als Hoeneß wirst du ausgebuht
und Scharping schickt dich nach Beirut.
Ein Hoeneß wird vor'm Supermarkt
von all den ander'n zugeparkt.

Ein Hoeneß ist ein dummes Schwein,
darf nichtmal bei »Big Brother« rein.
Wo Hoeneß fährt ist immer rot,
im Puff hat er Lokalverbot,
denn wenn mal einer Hoeneß fickt,
dann wird er in den Knast geschickt.
»Du bist ein Hoeneß!«
...

Potpourri der Anti-Bayern-Stadiongesänge

Uli H., Uli H., wir scheissen auf dein Geld, wir machen aus dem FCB den größten Puff der Welt.
(Zur Melodie von »Oh when the Saints go marchin' in«)

Ihr seid Bayern, asoziale Bayern, ihr schlaft unter Brücken oder in der Bahnhofsmission.
(Zur Melodie von »It's a Heartache« von Bonnie Tyler)

*Bayern ist nervös, Bayern ist nervös,
Bayern, Bayern, Bayern ist nervös
Es kommt die Zeit, oho,
in der die Bayern untergehn.*
(Zur Melodie von »Wünsch dir was« von Die Toten Hosen)

Hässlicher Torwart, du bist ein hässlicher Torwart. Hässlicher Torwart, du bist ein hässlicher Torwart.
(Zur Melodie von »Guantanamera«)

Der Kaiser Franz, der Kaiser Franz, der Kaiser Franz, der hat kein' Schwanz!
(zur Melodie von »Oh when the Saints...«)

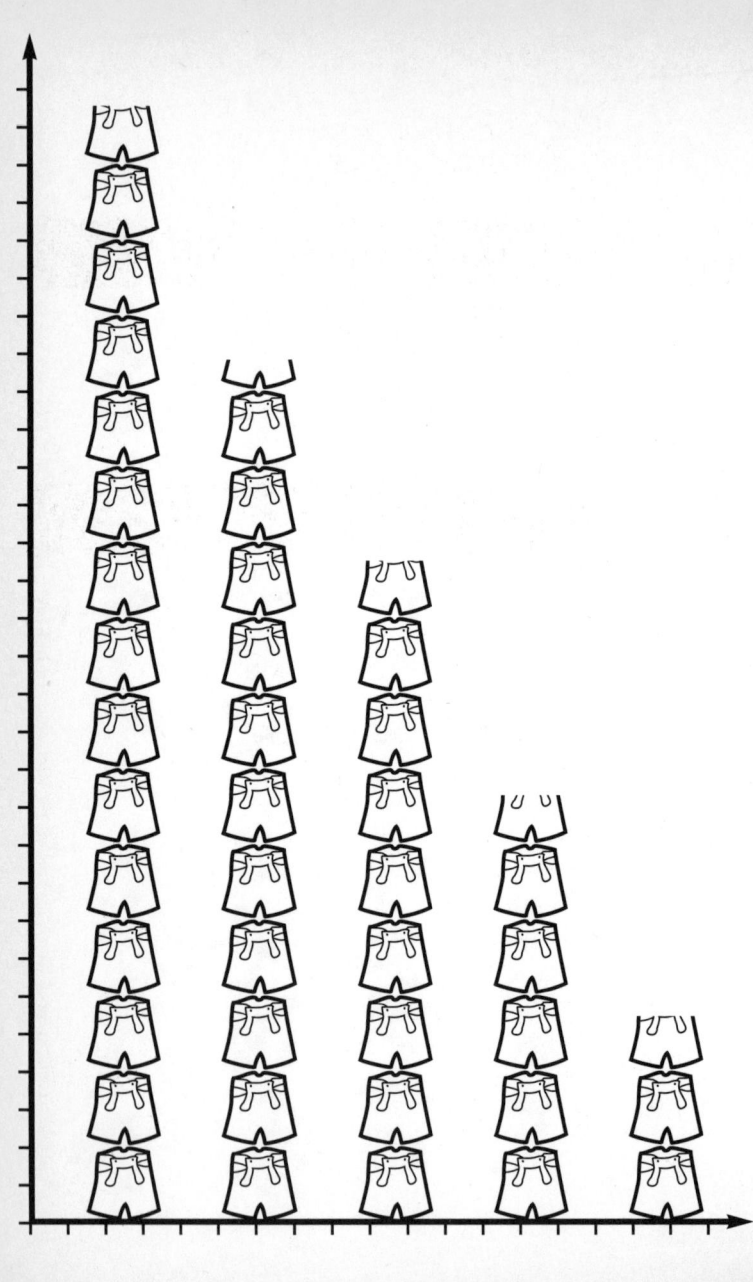

Statistiken

1. Statistische Höhepunkte für den Bayern-Hasser

1.1 Die schönsten Spielzeiten des FC Bayern seit Beginn der Bundesliga 1963:

1963/64 Die Bayern spielen in der Regionalliga
1964/65 Die Bayern spielen in der Regionalliga
1974/75 (10.)
1977/78 (12.)
1991/92 (10.)

1.2 Die Tabelle nach dem 1. Spieltag 1974/75:

Platz	Mannschaft	Tore	Punkte
1.	Kickers Offenbach	6:0	2:0
2.	Eintracht Braunschweig	5:0	2:0
3.	MSV Duisburg	4:1	2:0
4.	Eintracht Frankfurt	3:0	2:0
5.	Hamburger SV	3:1	2:0
6.	Schalke 04	2:1	2:0
7.	Rot-Weiß Essen	1:0	2:0
	VfB Stuttgart	1:0	2:0
9.	Fortuna Düsseldorf	3:3	1:1
	Hertha BSC	3:3	1:1
11.	1. FC Kaiserslautern	1:2	0:2
12.	VfL Bochum	0:1	0:2
	1. FC Köln	0:1	0:2
14.	Mönchengladbach	1:3	0:2
15.	Wuppertaler SV	1:4	0:2
16.	SV Werder Bremen	0:3	0:2
17.	TB Berlin	0:5	0:2
18.	FC Bayern	0:6	0:2

1.3 Die schönste Bayern-Platzierung in der Bundesliga-Abschlusstabelle

1977/78: Platz 12

1.4 Der schönste Abstieg (leider auch der bisher einzige)

1954/55 steht das Bayern-Ensemble mit 15:45 Punkten und 42:76 (-34) Toren auf dem letzten Tabellenplatz der Oberliga Süd und steigt ab.

1.5 Die schönsten Serien

1. Dreimal sieben Bundesligaspiele in Folge sieglos:
- Vom 13. Spieltag der Saison 2001/2002 (0:1 in Bremen) bis einschließlich des 19. Spieltages (1:5 auf Schalke)
- Vom 15. bis 21. Spieltag der Saison 1968/69
  - Vom 31. Spieltag der Saison 1965/66 bis zum 3. Spieltag der Saison 1966/67.

2. Fünf Niederlagen in Folge: 1977/78 vom 12. bis 16. Spieltag
3. Vier Niederlagen in Folge: 1975/76 vom 14. bis 17. Spieltag

1.6 Die meisten Niederlagen in einer Bundesliga-Saison

1991/92: 15 Niederlagen in 38 Spielen
1974/75: 14 Niederlagen in 34 Spielen

1.7 Die wenigsten Siege

1977/78: 11 Siege aus 34 Spielen
1991/92: 13 Siege aus 38 Spielen

1.8 Schönste Heimbilanz

1991/92: sieben Siege, drei Unentschieden, sieben Niederlagen; viertletzter Platz der Heimspiel-Tabelle.

1.9 Schönste Auswärtsbilanz

1977/78: kein Sieg, sieben Unentschieden, zehn Niederlagen; Platz zwölf der Auswärtstabelle.

1.10 Schönste Hinrunde

1977/78: fünf Siege, vier Unentschieden, acht Niederlagen; Platz 15

1.11 Schönste Rückrunden

1976/77: fünf Siege, fünf Unentschieden, sieben Niederlagen; Platz zwölf

1991/92: sieben Siege, drei Unentschieden, neun Niederlagen; Platz zwölf (von 20 Teams)

1.12 Die längste Zeit ohne Bayern-Tor

343 Minuten in der Bundesliga von der 50. Minute am 27. November 1976 bis zur 33. Minute am 22. Januar 1977

565 Minuten in fünf Pflichtspielen 1998 in Bundesliga und Champions League

1.13 Die meisten Gegentore in einer Saison

1977/78: 64 Bundesliga-Gegentore

1954/55: 76 Oberliga-Gegentore

135

1.14 Die wenigsten geschossenen Tore

1974/75: 57 Tore

1991/92: 59 Tore (mit 20 Bundesliga-Teams)

1.15 Die schlechteste Tordifferenz am Saisonende

1974/75: −6 (57:63)

1.16 Die wenigsten Zuschauer in einem Heimspiel

1981/82: 4000 Zuschauer am 17. Spieltag

2. Die Angstgegner des FC Bayern

1. Platz mit je 21 Siegen: 1. FC Kaiserslautern, 1. FC Köln
2. Platz mit 20 Siegen: SV Werder Bremen
3. Platz mit 19 Siegen: Eintracht Frankfurt

1. Platz

1. FC Köln: in vier Spielzeiten keinen Punkt an Bayern abgegeben
(1965/66, 1975/76, 1977/78, 1982/83)

2. Platz

je zwei Spielzeiten ohne Punktverlust an Bayern:
Borussia Dortmund (1965/66, 1991/92)
Eintracht Frankfurt (1966/67, 1976/77)
Werder Bremen (1967/68, 1992/93)
Hamburger SV (1974/75, 1981/82)
1. FC Kaiserslautern (1982/83, 1997/98)
Hansa Rostock (1991/92, 2000/01)

3. Platz

je eine Saison ohne Punktverlust an Bayern:
1. FC Nürnberg (1967/68)
Kickers Offenbach (1974/75)
Hertha BSC Berlin (1977/78)
Fortuna Düsseldorf (1985/86)
Borussia Mönchengladbach (1995/96)
1860 München (1999/00)
VfB Stuttgart (1999/00)
Schalke 04 (2000/01)

2.3 Die Angst-Stadien des FC Bayern

(bei insgesamt 202 Auswärtsniederlagen)

1. Platz: Betzenberg / Fritz-Walter-Stadion,   17 Auswärtsniederlagen
          Kaiserslautern
2. Platz: Weserstadion, Bremen   16 Auswärtsniederlagen
          Bökelberg, Mönchengladbach   16 Auswärtsniederlagen
          Waldstadion, Frankfurt   16 Auswärtsniederlagen
3. Platz: Müngersdorfer Stadion, Köln   13 Auswärtsniederlagen

2.4 Die besten Gäste im Münchner Olympiastadion

(bei insgesamt 63 Heimniederlagen)

1. Platz: 1. FC Köln   8 Auswärtssiege
2. Platz: Borussia Dortmund   6 Auswärtssiege
3. Platz: 1. FC Kaiserslautern   4 Auswärtssiege
          Werder Bremen   4 Auswärtssiege
          VfB Stuttgart   4 Auswärtssiege
          Schalke 04   4 Auswärtssiege

2.5 Die schärfsten Rekordmeister-Konkurrenten seit 1963/64

Platz	Verein	Anzahl der Meisterschaften
1	Borussia Mönchengladbach	5
2	Hamburger SV	3
	Borussia Dortmund	3
	SV Werder Bremen	3
3	1. FC Kaiserslautern	2
	VfB Stuttgart	2
	1. FC Köln	2
4	TSV 1860 München	1
	Eintracht Braunschweig	1
	1. FC Nürnberg	1

Platz	Verein	Anzahl der Meisterschaften
1	1. FC Nürnberg	8
2	FC Schalke 04	7
3	BV 09 Borussia Dortmund	3
	SpVgg Fürth	3
	VfB Leipzig	3
	Hamburger SV	3
7	Hertha BSC Berlin	2
	1. FC Kaiserslautern	2
	VfB Stuttgart	2
	Dresdner SC	2
	Viktoria Berlin	2
	Hannoverscher SV 96	2

(Neun weitere Vereine, darunter der FC Bayern, haben den Titel je einmal gewonnen)

138

Platz	Spieler	Position	Tore
1	Burgsmüller, Manfred	Sturm	13
2	Fischer, Klaus	Sturm	12
	Toppmöller, Klaus	Sturm	12
3	Kirsten, Ulf	Sturm	11
4	Dietz, Bernhard »Enatz«	Abwehr	10
	Hölzenbein, Bernd	Sturm	10
	Kuntz, Stefan	Sturm	10
	Nickel, Bernd	Mittelfeld	10
	Worm, Ronald	Sturm	10
5	Heynckes, Jupp	Sturm	9
	Hrubesch, Horst	Sturm	9
	Walter, Fritz	Sturm	9
6	Brungs, Franz	Sturm	8
	Emmerich, Lothar	Sturm	8
	Reimann, Willi	Sturm	8

7	Allofs, Klaus	Sturm	7
	Criens, Hans-Jörg	Sturm	7
	Gaudino, Maurizio	Mittelfeld	7
	Grabowski, Jürgen	Sturm	7
	Löhr, Johannes	Sturm	7
	Rufer, Wynton	Sturm	7
8	unter anderem:		
	Abramczik, Rüdiger	Sturm	6
	Götz, Falko	Mittelfeld	6
	Herrlich, Heiko	Sturm	6
	Lesniak, Marek	Sturm	6
	Polster, Anton	Sturm	6
	Völler, Rudi	Sturm	6
9	unter anderem:		
	Allofs, Thomas	Sturm	5
	Bode, Marco	Mittelfeld	5
	Sand, Ebbe	Sturm	5
	Petterson, Jörgen	Sturm	5
	Riedle, Karl-Heinz	Sturm	5
	Netzer, Günter	Sturm	5
	Sergio, Paulo	Sturm	5
10	unter anderem:		
	Beckenbauer, Franz	Abwehr	4
	(Eigentore)		

2.8 Die besten Eigentor-Schützen des FC Bayern

(bei insgesamt 27 Treffern)

1. Platz mit 4 Toren:

Franz Beckenbauer

2. Platz mit 3 Toren:

Georg Schwarzenbeck

3. Platz, je 2 Tore:

Klaus Augenthaler

Jürgen Kohler

Norbert Nachtweih

Nr.	Saison	Verein	Resultat
1	1965/66	TSV 1860 München	1:0
50	1970/71	1. FC Kaiserslautern	2:1
100	1977/78	1. FC Köln	3:0
150	1983/84	1. FC Köln	2:0
200	1991/92	Eintracht Frankfurt	3:2
250	1999/2000	TSV 1860 München	2:1

3. Die Treter-Truppe und der Bayern-Bonus

3.1 Top-Drei der von Elfmeterpfiffen profitierenden Vereine seit 1963

Verein	Elfmeter	verwandelt	verschossen	Trefferquote
FC Bayern	210	181	29	86 %
Mönchengladbach	193	169	24	88 %
Werder Bremen	192	166	26	86 %

3.2 Top-Fünf der kartenreichsten Spiele

Saison	Paarung	Platz-verweise gesamt	gelbe Karten gesamt	Platz-verweise für Bayern	gelbe Karten für Bayern	Ranking (Platzver-weis = 2 P. Gelb = 1 P.)
2000/01	Dortmund - Bayern	3	10	2	8	16
1994/95	1860 - Bayern	3	7	1	2	13
1994/95	Bochum - Schalke	3	7			13
1990/91	1. FC Köln - Bayern	3	5	2	1	11
1993/94	Dortmund - Dresden	5	1			11

Platz	Name des Spielers	Anzahl der roten und gelb-roten-Karten
1	Effenberg, Stefan	7 (2 bei Bayern)
2	Berthold, Thomas	6 (1 bei Bayern)
3	Kuffour, Sammy	5 (5 bei Bayern)
4	Jeremies, Jens	4 (keine bei Bayern)
	Fink, Thorsten	4 (keine bei Bayern)
5	Kahn, Oliver	3 (3 bei Bayern)
	Kreuzer, Oliver	3 (3 bei Bayern)
	Thiam, Pablo	3 (keine bei Bayern)
	Sternkopf, Michael	3 (1 bei Bayern)
	Elber, Giovane	3 (1 bei Bayern)
	Basler, Mario	3 (keine bei Bayern)

Die Bayern-Spieler bekommen nicht nur häufiger Elfmeter zugesprochen (siehe 3.1), diese Statistik zeigt, dass Spieler, die immer schon traten, bei den Bayern weniger bestraft werden.

141

Quellenverzeichnis

- Beckenbauer, Franz: **Ich. Wie es wirklich war.** München 1992
- Bender, Tom/Kühne-Hellmessen, Ulrich (Hg.): **Lothar Matthäus. Der Leitwolf.** Berlin 2000
- Bender, Tom/Kühne-Hellmessen, Ulrich (Hg.): **Sternstunden des Sports. 1. FC Nürnberg.** München 2001
- Bender, Tom/Kühne-Hellmessen, Ulrich (Hg.): **Sternstunden des Sports. Schalke 04.** München 2001
- Bender, Tom/Kühne-Hellmessen, Ulrich (Hg.): **Sternstunden des Sports. DFB-Pokal.** München 2001
- Bender, Tom/Kühne-Hellmessen, Ulrich (Hg.): **Verrückte Bundesliga. Mit kompletter Chronik und Super-Statistik.** Berlin 1998
- Blickensdörfer, Hans: **Jürgen Klinsmann. Stuttgart, Mailand, Monaco, London, München.** Stuttgart 1995
- Eichler, Bernd: **Kleines Lexikon der Fußballnieten. Pleiten, Flops und Eigentore.** Frankfurt am Main 2002
- Eichler, Christian: **Lexikon der Fußballmythen.** Frankfurt am Main 2000
- Grüne, Hardy: **Geheuert, gefeiert, gefeuert. Die 250 vorzeitigen Trainerwechsel der Bundesligageschichte seit 1963.** Kassel 2000
- Jockenhöfer, Rafael/Grengel, Ralf: **100 Jahre FC Bayern München... und ein paar Titel mehr.** Berlin 2001
- Kuntze, Norbert: **Rehhagel. Biographie eines Meistertrainers.** Göttingen 1999
- Lieske, Matti/Müllender, Bernd: **Ciao Lodda! Das Buch Matthäus.** Frankfurt am Main 2000.
- Mrazek, Karlheinz: **Fußballeuropapokal. Sterstunden.** München 1995
- Schulze-Marmeling, Dietrich: **Die Bayern. Vom Klub zum Konzern. Die Geschichte eines Rekordmeisters.** Göttingen 1997
- Schweer, Joachim: **Das Münchner Derby. 1860 – Bayern.** Kassel 1995

- Stadtarchiv München (Hg.): **München und der Fußball. Von den Anfängen 1896 bis zur Gegenwart.** München 1997
- Stein, Uli: **Halbzeit. Eine Bilanz ohne Deckung.** Frankfurt am Main 1996
- Weber, Burkhard (Hg.): **Champions League. Top-Special »40 Jahre Europapokal der Landesmeister«.** Berlin 1995

Zeitungen/Zeitschriften

Abendzeitung München

Berliner Zeitung

Bild

Bunte

Der Spiegel

Der Tagesspiegel

Die Tageszeitung (taz)

Die Welt

Die Zeit

FHM – For Him Magazine

Focus

Frankfurter Allgemeine Zeitung

Frankfurter Rundschau

Gazetto Dello Sport

Kicker

Manager Magazin

Neue Zürcher Zeitung

Playboy

Schwäbische Zeitung

Sportbild

Stern

Stuttgarter Zeitung

Süddeutsche Zeitung

Tz München

11 Freunde

Internet-Seiten

Die Online-Ausgaben der oben genannten Zeitungen und Zeitschriften

Zahlreiche Fan- und Fußballseiten, wie u.a.:

www.antibayern.de
www.blutgraetsche.de
www.dfb.de
www.ran.de
www.transfermarkt.de

Wir haben uns redlich bemüht, die Rechteinhaber der Stadiongesänge und Liedtexte ausfindig zu machen und um Erlaubnis zur Veröffentlichung in diesem Buch zu bitten. Sollten wir dies in dem einen oder anderen Fall nicht geschafft haben, bitten wir um Entschuldigung.